타로카드의
상징:

코트 카드

임상훈

타로카드의
상징:
코드 카드

2019년 6월 28일 초판 1쇄 발행
2021년 2월 8일 초판 2쇄 발행

지은이　임상훈

편집　김동석
펴낸이　임상훈

펴낸곳　서로빛나는숲　　**출판등록** 2013년 1월 21일 제2015-000045호
주소　경기도 고양시 덕양구 화중로 130번길 16, 314-3호
전화번호 010-2667-9841　　**팩스번호** 0504-075-9841
전자우편 radiating.forest@gmail.com **홈페이지** http://www.radiatingforest.com

디자인 김동석　　**종이** 한솔PNS
인쇄 및 제본 상지사P&B　　**물류** 해피데이

ISBN　978-89-98866-14-3　04180

책값은 뒤표지에 있습니다.

타로카드의
상징:

코트 카드

임상훈

The Diagram of Tarot: Court Card

서로
빛나는
숲

머리말

『타로카드의 상징: 메이저 아르카나』와 『타로카드의 해석: 메이저 아르카나』에 대한 반응이 나날이 이어지는 가운데, 『타로카드의 상징: 코트 카드』를 내놓는다. 이로써 그동안 이해하기 어렵다고 여겨지던 코트 카드 16장의 이야기를 풀어낸다.

타로카드를 접한 뒤 얼마 되지 않은 사람들에게 코트 카드 16장은 명확하게 해석하기 어렵다고 알려져 있다. 이는 코트 카드와 핍 카드가 다른 논리를 바탕으로 설계됐으며, 신비주의자를 자처했던 제작자들은 카드의 의미와 상징을 변화시켰음에도 제대로 설명하지 못했기 때문이다.

사정이 이러니 빈약한 자료만으로 상징을 알아내거나 유추하기란 불가능에 가깝거나, 비효율적인 연구와 노력과 추론을 거쳐야만 했던 것이 국내 타로카드계의 한계였다.

이런 상황을 타개하려 다시 펜을 든다.

이 책으로 그동안 베일에 감춰진 코트 카드의 의미들을 드러내려 하지만, 책의 설명을 신뢰할지는 오롯이 독자의 몫이리라. 책을 펴낸 까닭은, 적어도 이런 상황을 먼저 겪어왔던 자가 해야 할 책임이라 여기기 때문이다.

자신의 결과물과 논리의 근거 없이 남을 기만하는 자들과 마주할 때, 이 책은 최소한의 근거를 제공할 수 있을 것이다.

이제, 작은 방주 하나가 다시 세상을 향해 나아간다.

2019년 6월
물의 근원에서.
임상훈.

차 례

점성술에 대해

『타로카드의 상징: 메이저 아르카나』(이하 메이저 상징편)에서도 언급했듯이, 타로카드에서 점성술의 영향은 상징 체계를 빌려온 수준을 넘어서지 못하며, 일부 점성술을 주 테마로 설정한 덱이나 제작자의 확고한 목적 아래 점성술의 의미를 삽입한 덱이 아니라면 굳이 이 책의 내용을 참고할 필요는 없을 것이다.* ** ***

* 라이더-웨이트Rider-Waite 덱을 만든 아서 에드워드 웨이트(이하 웨이트)와 토트Thoth 덱을 만든 알리스터 크롤리(이하 크롤리)는 서로 견해 차이가 뚜렷했으며, 이는 그들이 속했던 황금새벽회Hermetic Order of the Golden Dawn 가 분열한 계기 중 하나로 작용했다. 특히 크롤리는 토트 덱을 제작하며 타로카드에 삽입됐다고 알려진 연금술, 점성술, 카발라주의에 대한 내용을 자의적으로 배치했다. 나아가 그림 및 카드의 이름을 의도적으로 다르게 편집해 자신의 주장을 강화하는 데 성공했다. 이런 변경이 어떤 의미를 가지는지는 임상훈·황민우, 『초보자를 위한 타로카드 올바른 안내서』, 서로빛나는숲, 2018, 「타로카드 그림열쇠에 대한 소론」을 참고.

** 이런 다른 콘셉트, 주장, 세계관, 관점 등의 차이는 각 타로카드 덱의 해석을 달리하게 만들며 더욱 다양한 분야의 더욱 자세한 이야기들을 논할 수 있게 만드는 원동력이 된다. 이는 나아가 타로카드라는 도구, 매체가 가진 최고의 장점인 '그 어떤 분야라도 자세한 내용을 파악할 수 있다'는 것을 부각시키지만 반대로 '어떤 특정한 도구로서 사용·제작 방식에 일관성이 부족하다'는 약점을 노출한다.

*** 웨이트는 『타로의 그림열쇠Pictorial key to the Tarot』(이하 그림열쇠)에서 매우 드물게 직접적으로 이를 언급한다. 일례로 메이저 아르카나 7번, 전차 카드에서는 스핑크스의 배치에 대해 이집트 기원설을 믿는 것이 아니라 그저 이 카드의 의미를 쉽게 표현할 수 있는 인물을 묘사하려 사용했음을 언급한다. 이런 확답에 가까운 서술은 이후 마이너 아르카나 56장의 설계·작성에 대한 서설을 남길 때 이를 기획하며 다른 '점술'을 일체 삽입하지 않았음을 명기할 때도 유지했다. 또한 제라르 앙코스Gérard Encausse(필명 파퍼스papus)의 『보헤미안 타로The Tarot of the Behemians』에 대해 회의적 의견을 제시하며, 점성술을 비롯한 신비주의의 입장을 과도하게 타로카드에 삽입하는 것에 대해 비판적이거나 모호한 표현으로 일관하고 있다.
Arthur Edward Waite, *Pictorial Key to the Tarot*, 1910, VII. The Chariot; Part III: The Outer Method of the Oracles, Section 1: Distinction between the Greater and Lesser Arcana.

메이저 아르카나 22장의 경우 그나마 점성술 상징을 직접적으로 많이 차용해 점성술의 의미를 어느 정도 구현해냈으나, 마이너 아르카나 56장, 그중 특히 코트 카드 16장에서는 그마저도 극도로 제한되거나 상징물로 표현되지 않는 등*, 그림 속에서도 명확하게 응용돼 있지 않은 것을 확인할 수 있다.

라이더-웨이트 덱은 이런 이유로 제작자가 명확한 조견도를 제시하지 않고 기존 방식대로만 제작했다고 언급한 것으로 보이며, 후대의 덱 제작자들도 임의로 자신들이 옳다고 생각하는 방식을 따라 덱을 설계해왔다.** *** ****

---

* 토트 덱의 조견도와 라이더-웨이트 덱의 그림을 비교하면 더 명확하게 구분된다. 일례로 KING of PENTACLES.(이하 Kp)는 토트 덱에서 사자자리에서 처녀자리 사이에 걸쳐진 것으로 묘사되며 이에 따른 묘사를 했으나, 라이더-웨이트 덱의 Kp의 그림에서 점성술과 관련된 상징은 고작 황소자리를 의미할 법한 의자의 황소 장식 외에 없다. 이런 단순한 차이를 통해서도 두 덱이 같은 계열, 같은 방식으로 구성, 기획되지 않았다는 점을 확인할 수 있다.

** 크롤리는 헤르메스주의가 지향하는 모든 신비주의의 결합을 독자적으로 추구했으며, 이를 통해 코트 카드 16장에 대한 점성술, 카발라주의, 연금술의 내용을 모두 삽입했다. 그러나 이 과정을 완료해내고자 라이더-웨이트 덱뿐만이 아니라 마르세유, 에틸라 등 과거의 모든 덱과 다른 이질적인 덱으로 완성시켜야만 했다. 그의 이런 노고는 완성도를 떠나 대부분의 연구자들이 인정하는 추세다.

*** 10여 년의 제작 기간에 걸쳐 완성된 로빈 우드Robin Wood 덱은 제작자 자신의 견해가 강하게 녹아들어 있음에도 라이더-웨이트 덱 및 토트 덱의 입장을 어느 정도 받아들이는 대신 자신이 표현하고자 했던 위치크래프트Witchcraft, 위카Wicca의 색채를 성공적으로 타로카드에 녹여내는 데 성공했다. 이 덱에서는 PAGE가 여성(정확히는 소녀)으로 명확히 표현해 토트 덱의 의견을 수렴하고 있으며, 라이더-웨이트 덱의 의견도 받아들여 PAGE-KNIGHT-QUEEN-KING의 성장 과정과 각 영역에서 어떤 움직임과 입장, 관점, 태도를 취해야 하는지 명확하게 묘사하고 있다.

**** 설계는 충실했으나 범용성이 부족하게 설계된 덱으로 맥스웰 밀러Maxwell Miller의 유니버셜 타로Universal Tarot를 들 수 있다. 그는 기존의 16장으로 구성된 코트 카드로는 점성술 대응을 완벽히 하지 못한다고 생각했으며, 점성술을 토대로 타로카드를 재설계하려 했으나 누락된 네 장의 의미만큼 완성도가 떨어질 수밖에 없었다.

이 때문에 각자의 주장이 일치하지 않아 타로카드에 대한 명확한 기준을 제시하지 못하고 있으며, 자의적 해석이나 독자 연구에 불과한 수준의 주장들이 난립해 타로카드를 배우려는 이들에게 혼란을 주고 있다.*

이런 문제는 라이더-웨이트 덱 및 토트 덱을 어떻게 이해해야 하는지 갈등하는 상황에도 동일하게 벌어진다. 국내외를 막론하고 두 덱이 같은 체계를 공유한다고 알려져 있는 상황이며, 이런 정보를 검증이나 여과 없이 유입했다. 또한 근거 없는 에세이를 기반으로 이를 평가·학습해 재배포하는 악습으로 이어져 지식의 보급을 더 혼란스럽게 만들고 있다.

이 책은 모던 타로의 시대를 연 시작한 라이더-웨이트 덱을 기준으로 서술하기에, 엄밀히 말해 점성술과 타로카드는 전혀 다른 길을 걷는 분야임을 먼저 언급하고 넘어가고자 한다. 나아가 이 이유로 각 분야별 배치 방식의 차이를 언급하고자 한다.

보편적으로 점성술의 4원소 규칙은 다음과 같이 진행되는데, 다른 분야 및 타로카드를 같이 배치해보았다.

---

* 독창적인 구조를 사용한 다른 덱 중 하나로 초현실주의의 거장인 살바도르 달리Salvador Dali의 달리 유니버셜Dali Universal 덱이 있다. 그러나 이 덱은 어디까지나 영화 소품(《007 죽느냐 사느냐》)으로 만들었다는 한계가 있으며, 전통적·기술적으로 체계를 갖추기보다 제작자의 표현에 치중해 있기에 기존 덱과 전혀 다른 양상으로 의미가 분화돼 있다. 그렇기에 이 덱은 먼저 덱의 독자적인 체계를 학습한 뒤에 활용해야 한다.

불Fire 공기Air 땅Earth   (플라톤)*

불Fire 땅Earth 공기Air 물Water (점성술)

불Fire 물Water 공기Air 땅Earth (카발라-헤르메스주의)**

불Fire 공기Air 물Water 땅Earth (연금술)***

물Water공기Air 불Fire   땅Earth (마르세유 덱)****

불Fire 물Water 공기Air 땅Earth (라이더-웨이트 덱)***** ******

* 중세 신학과 헤르메스주의가 영감을 얻는 데 큰 영향을 미쳤다고 평가되는 신플라톤주의는 플라톤 철학에 대한 음울한(그러나 구원을 향한) 재해석이라 볼 수 있다. 그러나 정작 플라톤 철학에서는 철인정치의 올바른 모범으로서 불을 최고의 가치로 여겼으며, 철인정치를 설명하면서 소년기에 누구나 품고 있다고 여기는 불을 끝까지 관철한 자를 지배자로 할 것을 언급한다.
플라톤, 『국가·정체政體』, 서광사, 2011; 플라톤, 『국가Politeia』, 도서출판 숲, 2013.

** 이 배치로 인해 크롤리를 비롯해 헤르메스주의에 지대한 영향을 받은 제작자들은 코트 카드를 여Earth – 남Air – 여Water – 남Fire 구조로 구성한다.

*** 연금술의 관점/주장으로 코트 카드를 해석하면 Pw–Ns–Qc–Kp 순으로 각 계급에서 가장 강렬한 묘사와 함께 특징적 요소들을 묘사해주고 있음을 확인할 수 있다.

**** 마르세유 덱의 구조는 라이더-웨이트 덱의 구조와 다르며, 이는 마르세유 덱이 생성될 당시의 문화가 가장 큰 영향을 미쳤으리라 추측된다. 왕족을 제외한 제1계급은 성직자였으며, 그 뒤를 이어 무력을 쓰는 귀족·영주로 대변되는 제2계급, 이후 이들의 실질적인 힘이 되는 사병 집단 또는 노동자·소상공인을 모두 포괄하는 평민이 배치됐으며, 마지막으로 모든 이가 눈으로 보며 직접 다루고 행사할 수 있는 물질들로 구성됐다고 이해할 수 있다.

***** 라이더-웨이트 덱은 웨이트가 속한 집단인 황금새벽회의 입장을 충분히 강조할 수 있었음에도 이러한 조치를 최대한 하지 않으려는 모습을 보인다. 그렇기에 카발라주의의 내용과 다르게 그림 속에서 남녀의 성 구분을 명확히 하지 않았는데, 이는 특히 PAGE 카드의 묘사에서 특징적으로 두드러진다. 곧, 웨이트는 성별에 따른 구분을 군이 할 필요가 없다고 여겼으며, 어떤 상황을 특정하거나 강제하는 방식으로 해석하거나 의미를 부여하는 방식을 꺼렸다는 점을 알 수 있다.

****** 라이더-웨이트 덱은 원소의 배치를 명확히 명기했으나, 코트 카드(PAGE, KNIGHT, QUEEN, KING)의 배치에 대해서는 언급을 회피한다. 토트 덱에서 이 배치가 재구성되나, 이는 유럽 전반의 문화적 기반을 존중하지 않고

이처럼 구조가 크게 다르다는 점을 확인할 수 있다.

이런 난제가 있음에도 타로카드와 점성술의 연계를 중요하게 생각하는 연구가들은 연구를 거듭해 보편적인 사용법을 정착시키려 노력하고 있다.

코트 카드 16장과 점성술 요소의 대응은 연구자마다 달라질 수 있다는 점을 감안하더라도 다음의 규칙은 동일하게 준수되는 경향이 있다.

1. 12 별자리만을 이용해 배정한다.
2. 모든 PAGE/KNAVE/PRINCESS 카드 네 장은 각 원소의 근원 Source으로 인식해 별자리를 배정하지 않는다.

이 책에서는 타로카드에 대응되는 점성술 의미가 없기에 다루지 않는 것이 맞으나,* 헤르메스주의-토트 덱에서 어떻게 이를 배정했는지를 간단하게만 다루려 한다. 자세한 내용은 그들의 주장을 담은 『토트의 서The Book of Thoth』를 참고하기 바란다. 또한 이는 어디까지나 해당 주제와 결부한 덱에만 적용할 수 있다는 점을 언급하고자 한다.

헤르메스주의를 구현하는 데 천착해 폭넓은 현실적 조언을 할 수 없게 됐다는 단점이 발생했다.

* 이렇게 점성술 상징을 차용하면 해설서(라이더-웨이트 덱의 경우 『타로의 그림 열쇠』)에 직접적으로 언급하거나 해당 점성술 상징을 그대로 그림 속에 삽입해 오해할 소지를 없애는 것이 정상이나, 라이더-웨이트 덱의 코트 카드에는 12개의 별자리에 대한 일관적인 묘사가 이루어지지 않았다.

카발라에 대해

메이저 상징편에서 언급했듯, 카발라주의는 마이너 아르카나 56장의 구조에도 영향을 끼쳤다.

특히 코트 카드 16장은 라이더-웨이트 덱의 제작자들의 의도에 따라 신의 진명眞名(테트라그라마톤Tetragammaton*)의 네 글자와 관련된 요소들로 성별 및 지위의 구분을 명확히 나눈 것이다.**

네 글자의 철자별 의미는 다음과 같다.

Y(Yod) '	H(He) ה	W/V(Wau/Vau) ו	H(He) ה
아버지	어머니	아들	신부

이 내용은 코트 카드에 다음과 같이 배정된다.

철자	위계	세피라	4계	카드	원소
Y '	아버지	호크마	아트질루트(앗실루트)	KING	불
H ה	어머니	비나	베리아	QUEEN	물
W/V ו	아들	티페레트	예치라(예트지라)	KNIGHT	공기
H ה	신부	말쿠트	아씨야(아시야)	PAGE	땅

이 네 글자의 의미를 통해 카발라주의에서 언급하는 4세계/4계층의 의미와 함께 이들이 왜 이런 배치를 기획했는지 확인할 수 있다.

---

* YHWH/YHVH로 대변되는 글자로, 올바른 발음이 존재하지 않기에 아브라함 계통 종교(이슬람교, 유대교, 기독교)에서는 신의 이름이 명확히 존재하지 않으며, 오로지 '위대한 그분'과 같은 방식으로 불린다. 신의 이름을 부르거나 알고 있다고 말하는 것 자체가 신성모독에 가깝다고 여기기도 한다.

** 이 네 글자 사이에 다양한 모음을 넣어 신의 이름을 대체하는 경우도 있다. 야훼Yahweh, 여호와Jehovah, 아도나이Adonai 등의 호칭이 이렇게 탄생했다. 그러나 기본적으로 명확한 이름이 아니기에 함부로 언급하지 말 것을 교리로 삼는 경우가 많다.

카발라 4계의 구분

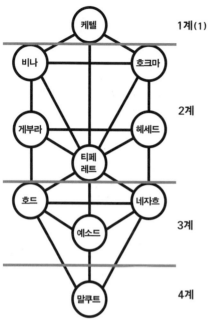

1계(1)

2계

3계

4계

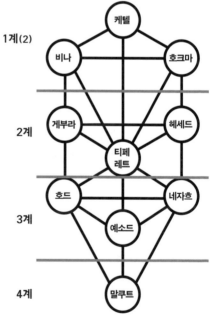

1계(2)

2계

3계

4계

이 도안은 코트 카드를 구성하는 네 지위가 하나의 세피로트에서 어떻게 카발라주의의 요소에 대입돼 있는지 비교한 것이다.

코트 카드 16장 중 KING–QUEEN–KNIGHT–PAGE를 이에 대비해서 간단히 묘사한다면 다음과 같다.

큰 얼굴Macroprosopus이자, 각 분야(원소)의 에너지를 발출시키고 주재하는 아버지로서의 KING.

이를 더 보편적인 진리와 다양한 방식으로 퍼트려 이해시켜 나가는 어머니로서의 QUEEN.

작은 얼굴Microprosopus이자, 아버지와 어머니의 면모를 결합해 잉태된 아들로서의 KNIGHT.

아들의 신부이자 새로운 어머니로서 가능성을 품고 있는 신부로서의 PAGE.

이런 방법으로 라이더-웨이트 덱의 제작자는 카발라주의의 내용을 코트 카드 16장에 대응시켰다. 특히 코트 카드의 네 가지 지위를 카발라주의에서 논하는 4계로 대응시켜 논리적인 근거를 확보하려 했으며, 이 특성은 16장에만 머무르지 않고 78장 전체를 구성하는 데서도 세심히 배려했기에 마이너 아르카나의 순서를 KING부터 ACE 순으로 구성한다.

카발라주의자들은 4계 중 제1계인 아트질루트/앗실루트Atziluth는 이곳에서 신이 자신의 모습 그대로를 모두 드러내며, 생명나무의 본체가 나타나 머무르는 곳이라 믿었다. 이를 곧 신의 무한한 에너지를 그대로 하위 세계에 투사해 창조해내는 곳이라 이해했으며, 셰키나와의 완벽한 합일이 이루어져 하위 세계들을 창출해내는 지성을 주관하는 곳이라 믿었다. 이런 내용은 곧 타로카드의 마이너 아르카나에서 에너지의 발출과 어떤 개념/관념/지성을 창조하는 의미를 가진 완드 수트 및 킹 카드와 유사하다고 여겨 대응됐다.

제2계인 브리아Bri'ah는 제1계에서 흘러나오는 에너지를 통해 형상을 취하고, 가장 높은 등급의 천사들이 거주하며 각기 혼연일체의 상태로 유체화를 이룬 것으로 묘사된다. 이는 액체로 묘사되는 물의 원소와 동일하다고 여겨졌으며, 제작자를 비롯한 당대(19세기경) 대다수의 연구가들이 타로카드의 컵 수트 및 퀸 카드에 대응된다고 생각했다.

제3계인 예트지라/예치라Yetsirah는 주요 천사들의 군단이 있는 곳으로 알려졌다. 이곳을 통솔하는 자는 이른바 '신의 왼팔'로 묘사되는 천사들의 대장군, 메타트론(메이저 상징편 124쪽 참고*)이다. 이곳은 동물적 욕망을 통제하거나 응용하는 곳으로 곧잘 묘사됐으며, 나아가 신의 무력을 뜻했다. 이런 요소들로 인해 타로카드의 소드 수트와 기사 카드에 대응된다고 여겼다.

마지막 제4계인 아씨야/아시야Assiyah는 그동안의 여정에서 쌓인 모든 불순물이 모여 형성한 세계로 표현된다. 이 세계는 자연, 인간, 악마의 세계로 불리며, 인간과 악마가 끝없이 투쟁하는 가운데 쫓겨난 셰키나가 살고 있는 세계로 묘사된다. 나아가 상위 세계들과는 비교하기조차 어려울 정도로 삶에 대한 욕망만이 남아 있는 곳이라고 인식한다. 카발라주의자들은 이를 겉으로 보이는 유형화된 물질로 대응시키며, 타로카드에서 물질을 직접적으로 의미하는 오망성 수트와 종자 카드에 대응된다고 여겼다.

이 배치에 대해, 저자인 웨이트는 4원소에 대한 대응은 충실히 따랐으나, 각 지위에 해당하는 대응에 대해서는 언급을 회피했고, 전통적인 방식에 따라 제작했음을 강조했다.** 이후 자신의 다른 저작들을 통해 이전 연구자들이 카발라주의의 배치를 더 명확히 했으면 어땠을까 하는 아쉬움을 남겼지만, 그때는 한참 시간이 흐른 뒤였다.***

* 단, 그의 보좌/옥좌는 제2계인 브리아에 있다고 알려졌다. 이는 14의 내용에 영향을 미쳐 직접적으로 묘사된다.

** A. E. Waite, *Pictorial key to the Tarot*, 1910, Part III: The Outer Method of the Oracles, Section 1: Distinction between the Greater and Lesser Arcana.

*** 라이더-웨이트 덱이 출간됐던 1910년 이전부터 이미 황금새벽회의 해산 및 분열 조짐은 심화됐으며, 이윽고 결국 분열됐다. 그는 나름 명맥을 이으려 노력했으나, 1920년대 초에 이미 단체를 움직일 수 있었던 원동력이 거의 소진된 것으로 확인된다.

이 책에서는 그림에 표현된 직접적인 카발라주의 상징과 구조적인 대입이 어떻게 이루어져 있는지 최선을 다해 다루고자 한다. 참고 자료 또한 메이저 상징편에서 언급했던 자료를 토대로 언급한다는 점을 미리 양해드리고자 한다.

Francis King, *Modern Ritual Magic: The Rise of Western Occultism*, 1989.
A. E. Waite, *Shadows of Life and Thought*, Selwyn and Blount, 1938.

연금술에 대해

타로카드의 구성에 연금술은 강력한 영향을 미쳤다. 웨이트는 코트 카드의 구조·원리를 재편하는 데 많은 어려움이 있었다고 토로하며, 이 문제로 코트 카드 16장에 큰 변화를 주지 않고 기존의 타로카드 기획 방식을 그대로 따랐다고 언급했는데, 이로써 코트 카드를 자신의 의도대로 만들기 어려웠음을 유추할 수 있다.*

메이저 상징편에서 연금술의 내용은 비교적 연금술 작동 원리나 위대한 작업Magnum Opus과 관계있다고 밝혔다. 웨이트는 마이너 아르카나 56장, 그중에서도 이 책에서 다룰 코트 카드 16장은 연금술에서 중요하게 여기는 세 가지 요소인 영靈/Spirit, 혼魂/Soul, 체體/Body와 관련한 내용을 묘사했으며, 특히 이 가운데 영과 혼을 비중 있게 다루었다.

이는 영과 혼이 연금술에서 어떤 의미를 지니는지 확인함으로써 파악할 수 있다.**

연금술에서 논하는 영, 혼, 체 3요소 가운데서 체는 크게 오역될 여지가 없다. 이는 육체를 영과 혼이 담기는 그릇으로 이해하며, 현실에 존재하는 실체를 가진 물질과도 같이 명확한 서술로 표현할 수 있기 때문이다. 그러나 문제는 영과 혼이다.

보편적으로 이 3요소는 번역자마다 제각각의 의미로 사용하기에 이해하는 데 많은 혼선을 빚고 있다. 그렇기에 이 책에서는 다음과 같은 기준으로 용어를 통일할 것을 미리 밝히고자 한다.

---

* 이 점에 대해 웨이트는 기존 연구자의 독단을 비판·경계하나 그 자신도 어떤 대안을 찾을 수 없다는 한계를 가진다.

** 코트 카드의 구조에 대해 웨이트는 그저 관행에 따랐음을 확언하며, 코트 카드의 구체적인 성립 논거나 명확한 효용을 설명하지 않고 그림을 통해 참고할 것을 언급한다.

A. E. Waite, *Pictorial key to the Tarot*, 1910, Part III: The Outer Method of the Oracles, Section 1: Distinction between the Greater and Lesser Arcana.

	금속	성향	특징	운동 방향	단어 사용 예시	타로 카드
영Spirit	유황	수직적	개성적	상승/하강	'Holy Spirit'	WAND, SWORD
혼Soul	수은	수평적	보편적	수평/확장	'Soul Food'	CUP, PENTACLE

이 방식은 영, 혼의 한자를 해석해도 이해할 수 있다.

영靈은 雨(비 우) + 口, 口, 口(입 구) 또는 品(물건 품) + 巫(무당 무)의 조합으로 이루어져 있는데, 이를 해석한다면 '하늘에서 내려오고/올려 보내지는 에너지이자, 많은 사람이 이를 보고 언급하는 것 또는 이를 논하는 이들(무당巫堂, 영매靈媒)'과 관련이 깊은 글자이기 때문이다.

문제는 혼魂이다. 엄밀히 말해서 혼은 혼백魂魄에서 분화된 글자로 이해할 수 있다. 사람이 죽을 때 양기인 혼은 하늘로, 음기인 백은 땅으로 돌아간다는 개념으로 사용된 단어*인데, 혼을 Soul로 직역하면 실제 의미를 정확히 대입하지 못한다는 점이 착오를 불러일으키는 것이다.

정확하게 번역하자면 백魄을 사용하는 것이 옳으나, 이 또한 음기와 관련한 부분을 혼Soul에 접목시키지 못한다는 한계가 있다. 혼의 개념에 혼선을 불러일으킨 것은 이런 문제 때문이라고 생각한다. 이런 고민 끝에 위의 표와 같이 혼의 성격을 규정하고 번역했다는 점을 양해드리고자 한다.

그렇다면 코트 카드 16장과 영, 혼은 어떤 연관을 지닐까?

아래 그림은 유명한 연금술서인 『램스프링의 서Book of Lamspring』의 첫 번째 도안이다.

---

* 한국사전연구사 편집부, 『종교학대사전』, 한국사전연구사, 1998.
https://terms.naver.com/entry.nhn?docId=631587&cid=50766&categoryId=50794

　이 그림은 바다(육체) 속에서 영과 혼이 노니는 것(물고기)을 표현한 것이다.

　이는 곧 자연 – 야생의 정수를 지닌 요소에서 이를 가공, 공유하는 도시로 나아가는 혼과, 그 반대로 나아가 자신을 완성해 자연을 초월·극복하려는 영의 모습을 표현한 장면이다.*

　이 그림에서 주로 묘사된 상징들은 다음과 같다.

숲 영Spirit을 상징한다. 야생성을 보존하거나 거친 날것 그대로를 더 강화시켜 나아가려는 성향을 띤다. 이런 영의 성향은 최고의 위치에 다다르면 다른 모든 것보다 명확히 우위에 섬으로써 다른 사람에게

---

* 연금술 자체에 대한 더 복잡한 해석을 진행해야 하나, 지면이 허락치 않기에
최대한 간략한 요점만을 설명하고자 많은 부분이 생략된 점을 양해 바란다.

강력한 영향을 미치거나 독보적인 위치를 점해 자신이 추구하려는 것을 확고히 하려는 영의 본질을 표현했다. 그러나 추진력에 한계가 있다는 점을 자각하지 못해 신성에 도달하는 과정에서 필연적으로 찾아올 추락을 전혀 생각하지 못한다는 모순을 안고 있다.

이런 모습은 야인, 이단아, 천둥벌거숭이, 은둔자, 수행자, 연구자, 발명가 등 자신의 길을 걷고 완성될 경우 모두가 우러를 수밖에 없는 길을 가고, 이를 달성함으로써 모두에게 영감을 주는 위인이나 개념으로 이해할 수 있다.

성 혼Soul을 상징한다. 보편성을 추구하며 동일한 것을 공유해 이를 더욱 확장시키려는 성향을 띤다. 이런 혼의 성향은 보편적인 진리, 신념, 정의, 재화 등의 가치를 모두에게 동일한 모습으로 적용시킬 수 있도록 함으로써 어떤 것을 모두와 같이 향유하려는 혼의 본질을 표현했다. 그러나 이는 공유에 치우친 나머지 왜 공유해야 하는지를 잊어 본래의 의미가 퇴색된다는 한계가 있으며, 이 과정(혼의 완성)에서 필연적으로 찾아올 목적 상실에 대비해 자신의 정수를 모두에게 보편적으로 정착시켜야만 하는 모순을 내포한다.

이런 모습은 성직자, 상인, 정치, 예술, 재화, 공감을 원하는 일련의 행위 등을 사람들과 교류하고 이를 달성해 모두가 당연히 생각하는 보편적 진리를 신성(완성)으로 이끌어낸 위인이나 개념을 통해 이해할 수 있다.

배 연금술에 입문한 자신을 의미하며 또한 이미 이 과정을 이룬 대가의 모습을 중의적으로 표현한다. 입문자라면, 이제 이어질 과정에 몰입해야 하는 상황임을 강조하고자 사용된 상징이다. 대가라면, 후인들에게 현 상황이나 환경이 어떤지 보여주며, 이미 자신이 이를 달성했기에 궁극적으로 추구해야 할 가치를 얻어내려면 어떤 방식을 취해야 하는지 알리고자 등장한 것이다. 군이 배에 비유한 까닭은 그 과정이 단순하지 않음을 은유하고, 나아가 목적을 달성하더라도 이를 일상적인 것에 보존해나가야 할 것을 주문한다.

구름 숲은 맑고 성은 흐리게 묘사해 각 요소의 장단점을 묘사했다. 영은 목적이 명확하나 남의 공감이나 지원을 받기 어려우며, 자신이 추구하는 것은 명백하나 이를 알고 있는 자가 흔치 않음을 지적한다.

반면 성 위의 구름은 비슷한 것들을 추구하거나 유사한 개념들로 인해 '신의 숨결(정수)'에 닿기 위한 여정 자체를 시작하는 것부터 어려워질 수 있다는 점을 지적하며, 다른 요소들이 쉽게 끼어들어 자신의 신념이나 목적을 잊을 수 있다는 점을 암시한다.

그림의 요소들을 종합해보면, 두 물고기는 영, 혼에서 시작한 각자의 정수Essense가 서로 교류하고 있음을 표현한 것이라고 할 수 있다. 그러나 이는 어디까지나 자연적이고 노출되지 않은 형태(물속)로 이루어지며, 그렇기에 연금술의 요체를 알고자 하는 이들(배)은 이 움직임과 각 질료 안에 있는 영, 혼의 정수가 지닌 '신의 숨결(진리)'을 파악해나가야 한다는 것을 알리고 있다. 이는 두 물고기의 방향과 배경의 숲, 성을 통해 묘사되고 있다.

웨이트는 이로써 다른 점술과 관련한 것을 제외하고, 그 빈자리를 채울 요소로 카발라주의와 연금술을 삽입했다는 점을 꾸준히 언급했다.

훗날 만들어진 크롤리의 토트 덱은 그가 추구하고자 한 헤르메스주의의 시각이 두드러진다. 그로써 완벽한 세계에서 이루어지는 에너지/정수가 지상으로 투하된다는 관념하에 기사-불, 여왕-물, 왕자-공기, 공주-땅으로 배치했으나, 이는 라이더-웨이트 덱의 구조와 무관하며 위에서 언급한 그림의 해석으로도 이를 쉽게 확인할 수 있다. 라이더-웨이트 덱과 토트 덱이 원류는 유사할지언정 동일한 개념과 관점을 공유하고 있지 않다는 점을 느러내는 승거가 바로 이것이다.

이 책에서 다룰 코트 카드 16장은 앞쪽의 도상을 통해 연금술과 관련한 의미가 카드 자체의 묘사와 더불어 그림 속 인물의 위치와 시선을 통해 표현됐음을 미리 밝히고자 한다. 이에 따라 본문에서는 그림의 구도가 연금술 내용을 어떻게 적용해 의미를 형성했는지 설명하는 방식으로 풀어나가도록 하겠다.

수비학에 대해

수비학 체계와 코트 카드는 연관성이 전혀 없다.

이 글을 쓰는 이유는 PAGE, KNIGHT, QUEEN, KING을 각기 11, 12, 13, 14로 구분해 분석하는 근거 없는 낭설을 바로잡기 위해서다.

본래 수비학은 숫자를 상징으로 인식하고, 이에 비밀적인 요소들이 숨겨져 있다고 이해하거나 특정 분야에 대한 암기를 더 편하게 하려고 만들어낸 개념이다.*

그렇기에 기본적으로 숫자 상징들은 원형상징Archetype과 거리가 멀고, 엄밀히 구분한다면 특정 분야나 문화권에 국한된 문화 상징 Cultural Symbol이다.**

이 책에서 다룰 라이더-웨이트 덱은 얼핏 보기에 기독교의 숫자 상징 체계를 차용한 것으로 이해할 수 있으며, 이 경우에 보편적으로 1~10의 숫자만이 큰 의미를 띤다.*** 기독교 숫자 상징에서 11~14 가운데 12를 제외한 숫자는 그리 큰 의미를 부여받지 못하며, 부여되더라도 부정적인 의미로 적용되기에 코트 카드 16장의 의미들과 전혀 부합되지 않는다는 점을 확인할 수 있다.****

* 유대교, 카발라주의에서 차용한 게마트리아, 테무라 등의 체계나 현대에 사용되는 난수표 암호문 등을 예로 들 수 있다.

** 색채 상징도 마찬가지다. 문화권에 따라 색의 의미는 전혀 다르게 적용되기에 원형상징으로 볼 수 없다. 예를 들어, 파란색은 기독교에서 성모 마리아의 상징색이나 마야인에게는 적의 죽음을 의미하고 미국 원주민에게는 하늘을 의미한다.
진 쿠퍼, 『그림으로 보는 세계문화상징사전』, 까치, 1994, 76쪽.

*** 숫자 10은 기독교 상징 체계에서 천국의 완성수였다.

**** 11은 기독교 상징 체계에서 부정적으로 쓰였다. 신성(10)을 참람히 넘어서는 행위로 여겼기 때문이다.
12는 황도 십이궁, 12개월, 12사도 등 다양하게 긍정적인 조명을 받아왔다.
13은 12의 체계를 위반한 개념으로 생각해서 부정적으로 쓰였거나, 배신자 이스가리옷 유다의 예를 들어 부정적으로 쓰였다고 알려졌으나, 사실상 다른 수의 조합(예: 6+7)을 통해 오히려 긍정적으로 쓰인 경우가 많았다. 13에 대한 그렇기에 이런 류의 상징 대응은 잘못된 접근이라는 점에 주의해야 할 것이다.

터부는 역사가 짧다.
14는 기독교 상징 체계에서 구난성인을 언급할 뿐, 달리 강조된 의미가 없다.
프란츠 칼 엔드레스, 『수의 신비와 마법』, 고려원미디어, 1996, 191-213쪽.

궁정 카드Court Card(이하 코트)의 구성에 대해

많은 이들이 코트 16장을 이해하는 데 난항을 겪고 있다. 웨이트도 라이더-웨이트 덱을 제작하면서 코트 카드를 구성하는 데 어려움을 겪었고, 이 문제로 많이 고민했다는 점을 숨기지 않았다. 그는 결국 기존 방식을 고수할 수밖에 없었다고 토로했으며, 반대로 기존 체계를 억지로 변경해 사용하려는 시도에 회의적이라는 의견을 밝혔다.[1]

덱을 구성하고 기획하면서도 그의 고민은 결국 해소되지 못했고, 결과적으로 라이더-웨이트 덱은 기존의 틀을 답습하는 식으로 만들어졌다. 그러나 이 과정에서 자신이 변용하거나 더 정확한 표현이라 여긴 바를 은밀히 추가하는 데 성공했다.[2]

결과적으로 라이더-웨이트 덱은 기존 마르세유 덱과 코트 카드의 구성 및 의미가 상당히 비슷해졌다. 그러나 웨이트는 많은 요소(특히 방향을 이용한 표현)를 추가해 코트 카드의 체계를 다시 재구성해냈으며, 수트(WANDS, CUPS, SWORDS, PENTACLES)와 코트(PAGE, KNIGHT, QUEEN, KING)의 구분을 더 명확히 해내는 데 성공했다.

수트	다른 이름*	키워드	계절	원소
(마법) 지팡이 WAND	바톤Baton 몽둥이Club 장대Staves/막대Rod 창Spear	활력, 생명력, 여행, 기획, 직관, 불, 정열, 창조, 의지, 농업	봄	불
검 SWORD		지성, 분별, 판단, 이성, 법, 투쟁, 무력, 변형, 증오, 전쟁	가을	공기
잔 CUP	성배Chalice	사랑, 우정, 욕구, 감정, 상상, 정치, 보존, 교육	여름	물
오망성 PENTACLE	동전Coin/원반Disk 반지Ring	감각, 실질적, 물질적, 부동산, 동산, 발전, 돈, 무역	겨울	땅

* 방향, 천사, 신 등의 언급하지 않은 요소들은 연구자마다 다양하게 배치하고 있으나, 명확한 기준과 근거를 제시하지 못하고 있기에 비교적 근거와 논리를 충실히 제공하려고 노력한 웨이트와 제라르 앙코스(필명 파퍼스papus)의 책 내용을 참고했다. 각 마이너 수트의 명칭은 어떤 단어를 사용하느냐에 따라 의미가 달라지며, 이는 곧 해당 타로카드의 콘셉트를 엿볼 수 있는 장치로 기능한다.

https://www.tarot.com/tarot/cards/minor-arcana

Jonathan Dee, "Introduction to the Minor Arcana", Liz Dean, *Tarot, An illustrated guide*, Silverdale Books, 2002.

아서 에드워드 웨이트, 『타로의 그림열쇠』, 도서출판 타로, 2006, 197쪽.

제라르 앙코스, 『보헤미안 타로』, 도서출판 타로, 2014, 262쪽.

임상훈·황민우, 「타로카드 그림열쇠에 대한 소론」, 『초보자를 위한 타로카드 올바른 안내서』, 서로빛나는숲, 2018.

마이너 수트Minor Suit에 대해

4원소의 우위를 나누는 행위는 의미가 없다. 그러나 많은 제작자와 연구가 들이 그 나름의 이론과 근거를 들어 세상을 타로카드에 담아 내려 했으며, 이 과정에서 각 원소의 위치와 순서를 배정해 세상의 이치를 설명하고자 노력했다.

1. WAND(완드)

불의 원소에 배정된 수트는 완드다. 불은 서양 전반, 나아가 지구상의 많은 문명권에서 빛에 준하는 권위를 지니며, 파괴와 창조의 양면성을 간직한다고 여겨졌다.

그러나 타로카드에 쓰인 완드의 상징은 창조의 의미에 그 근본을 둔다.

이 책에서 다루는 라이더-웨이트 덱에서는 제작자의 의도에 따라 완드를 앞으로 내세웠다. 이는 메이저 상징편에서 다루었던 내용에 그 근거를 두고 있으며, 웨이트는 기존의 전통적 관점을 존중한 것으로 비쳐진다.

불은 모든 것에 우선한다. 자신을 불살라 빛을 잉태하기 때문이다. 그렇기에 완드는 삶을 영위하며 간직해야 할 영靈의 불꽃Spirit을 뜻한다. 이런 이유 때문에 완드는 형이상학·철학을 포용하는 개념으로 여겨졌다.*

그러나 이 형이상학들은 이른바 체험, 선험, 경험으로 누적되거나 성취돼야 하는 것이기에 형이하학적 요소로 노동Work을 관장한다. 이는 지금은 비록 변질되고 금구禁句시된 격언이나, '노동이 너희를 자유케 하리라Arbeit macht frei'**의 본의에 닿아 있기 때문이다.

---

* 페르시아에서 발원한 조로아스터교는 불을 숭상하기에 중국에서는 배화교拜火教라 불렸다. 이들의 사원에는 항시 불을 피워두어 신의 불멸성을 강조했다고 전해진다.

기독교에서도 가장 처음 창조된 것은 불이며, 신이 에덴과 지상의 경계를 지을 때 사용한 것도 불이다. 또한 신은 에제키엘에게 환시를 보여줄 때 불을 통해 현신한다. 고대 그리스인들은 제의에 희생된 동물이 익어가며 낸 향기를 오르페우스 비교秘教를 제외한 모든 신이 좋아한다고 믿었기에 제의에 희생된 동물들을 반드시 익혀 먹었다.

창세 1:1-5, 3:24, 에제 1:4 참고.

피에르 미켈, 이봉 르 갈,『컬러 일러스트레이션 세계 생활사 3, 고대 그리스인의 문화』, 동아출판사, 1987.

** 이 격언은 본래 독일의 문헌학자 로렌츠 디펜바흐Lorenz Diefenbach가 쓴 소설인 *Arbeit macht frei: Erzählung von Lorenz Diefenbach*(1873)에 제목으로 처음

이런 형이상학, 철학, 노동의 의미는 세상의 다양한 분야 중 특히 실체를 가지지 않으나 이를 통해 새로운 것들을 창조해내는 분야와 밀접한 관련을 지닌다.

　기획, 발명, 개발, 새로운 이념들이 이에 속하며, 이 역시 각 완드 카드를 통해 세부적인 내용 및 과정들로 분화돼 표현된다.

알려졌다. 소설의 내용은 도박꾼, 사기꾼 들이 노동을 통해 깨우친다는 것이었으나, 제2차 세계대전 당시에 나치당이 건립한 유대인 수용소들의 정문에 주로 쓰이며 나치의 잔학성과 야만성을 드러내는 문구로 널리 알려졌고, 스와스티카(하켄크로이츠)와 함께 금기시됐다. 라이더-웨이트 텍은 세계대전 이전 (1909)에 제작됐기에 나치가 악용한 것과 달리 원문의 본뜻을 끌어오려 했다는 점을 밝힌다. 또한 세계대전 이전의 낭만주의 사조에서는 이런 자신의 완성을 추구하는 것을 미덕으로 여겼다. 이는 이후 영웅주의 등의 부작용으로 인해 대중의 외면을 받는 이유가 된다.

2. CUP(컵)

물의 원소에 배정된 수트는 컵이다. 물은 세계적으로 수용과 감성을 의미하는 원형상징으로 쓰이며, 이와 반대되는 면으로는 신의 징벌 도구로* 수많은 신화에서 차용했다.

그러나 타로카드에 쓰인 물의 의미는 앞서 언급한 수용과 감성에 그 근본을 두고 있다.

라이더-웨이트 덱의 경우 제작자의 의도에 따라 컵이 완드의 뒤를 이어 배치됐다. 이는 라이더-웨이트 덱의 제작자와 그가 속한 황금새벽회가 추종했던 헤르메스주의 비의, 그중에서도 카발라와 밀접한 관계가 있다. 이 때문에 기존 마르세유 덱의 구조(C>S>W>P)를 변경하게 된 것으로 추측된다.

마르세유 덱이 생성되던 시절의 중세 유럽은 왕을 제외한 구성원을 성직자-귀족-제3계급으로 나누었다. 이 중 창조·생육을 담당하는 노동자의 입지를 (아직 제대로 성립되지 못한)유통업보다 우위로 둔 구조로 이해할 수 있다. 또한 이는 집시 기원설을 정면으로 반박하는 증거로 작용하는데, 예부터 농경민족은 상인에 대해 부정적인 관점을 오랫동안 유지했기 때문이다. 이는 스스로 가치를 창출하지 못한다는 인식에서 비롯했다.

그렇기에 마르세유 덱의 구조는 위 계급의 상징물인 성배, 검, 몽둥이, 동전으로 배치된 것이다.

그러나 라이더-웨이트 덱은 변화한 시대상과 신학·교권의 쇠퇴를 반영했고, 그들이 추구하고자 한 헤르메스주의가 지닌 계몽적 요소가 현실에 실현돼가고 있는 상황이라 인식했다. 이에 따라 인간의 순수 이성을 담은 불-완드를 최상위에 배치했으며, 그 아래의 신앙과 감정, 예술과 공감을 의미하는 물-컵을 놓고, 이를 물리적으로 투사

---

* 길가메시 서사시(메소포타미아) / 데우칼리온(그리스) / 노아의 방주(유대, 기독, 이슬람교) / 뇌공과 여와, 복희(중국) / 목도령(한국) / 물고기를 구한 마누(인도) / 나마(몽골) / 타이피(아즈텍) / 라, 하토르(이집트) / 목동과 라마(잉카) 등 전세계적으로 홍수와 관련된 설화들이 산재한다.

하거나 규칙화한 기술이 뒤를 이어 공기-검으로써 배정됐다. 마지막으로 단순히 현물 자산과 금화를 의미하는 동전을 물질적인 가치를 지닌 유·무형적 자산을 의미하도록 변경함으로써 땅-오망성의 구조를 완성했다. 이는 또한 오망성의 의미를 변화한 현실계와 그 과정에서 일어나는 비이성적(마법적) 결과물을 포괄하도록 변경한 것으로 이해할 수 있다.

물은 모든 것을 받아들여 세상 모든 곳에 스며드는 존재다. 나아가 자신과 전혀 다른 것을 접하고 이를 받아들여 하나로 아우를 수 있는 무한한 바다와 같은 혼魂의 바다Soul를 뜻한다.

이런 연유로 컵은 세상의 모든 것을 포용하는 존재에게 봉헌되는 신앙과 믿음을 의미한다고 여겨졌다.* **

그러나 이런 신앙Faith·믿음Belief은 이른바 고결함, 순수성, 공감을 선결해야 하기에, 이를 이루기 위한 기초적인 요소로 감정Emotion을 관장한다. 이는 자신의 감정에 신실되고 순수한 표현으로 남을 감화함으로써 나아가 기적/이적들을 발현하게 됨을 강조한 많은 격언을 통해 이해할 수 있다.***

이러한 신앙, 믿음, 감정의 의미는 세상의 다양한 분야 가운데서 특히 남과 자신의 감정을 변화시키는 분야 및 행위와 밀접한 관련이 있다.

* 아서왕 전설에 등장하는 성배 또한 컵 수트의 의미와 상통한다. 성배를 구하는 여정에서 얻는 자가 대업을 이룰 수 있다는 점을 꾸준히 강조한다. 즉, 아서왕 전설에서 성배를 찾는 여정은 기독교 세계에서 예수의 성혈이 지닌 상징적 의미를 그대로 드러낸다고 볼 수 있으나, 이를 세부적으로 분석한다면 성배를 얻음으로써 많은 사람의 지지(감성)와 신에게 공인받은 정통성(신앙)을 획득해 위대한 뜻을 이룰 수 있음을 표현하는 매개체로 자리 잡는다고 볼 수 있다.

** 성작(聖爵, 라틴어 Calix, 그리스어 Chalice)은 가톨릭 미사 중 성찬식(영성체)에 거행할 때 포도주를 담는 잔이다.
마태 26:26-30, 마르 14:22-26, 루카 22:17-20, 1코린 11:23-25 참고.

*** "신앙의 가장 사랑스러운 자식은 기적이다." (괴테, 『파우스트』)
"세상에는 경이와 기적이 가득하다. 그러나 사람은 그의 작은 손으로 눈을 가리기 때문에 아무것도 볼 수 없다." (발 셈 토브Baal Shem Tov)
"이성이 인간을 만들어낸다면, 감정은 인간을 이끌어낸다." (장자크 루소)

정치, 예술, 감정의 표현과 발산, 유희들이 이에 속하며, 이 또한 각 컵 카드를 통해 세부적인 내용 및 과정들로 분화돼 표현된다.

3. SWORD(검)

공기의 원소에 배정된 원소는 검이다. 불로 인해 퍼져 나가는 연기를 상징으로 채용한 것으로 불이 추구하고자 하는 바를 널리 전파하는 모습을 묘사한다.

불이 계속 위로 상승하는 것과 달리, 공기는 위로 상승한 것을 퍼트린다. 그렇기에 검은 특정 기준과 이상에 맞춰 이를 따르고자 하는 이들에게 그 방법을 제시하거나 보급하며, 나아가 어떤 기준과 규칙을 지키고 다른 사람에게 이를 강제하기까지 하는 규칙, 법규, 무력을 모두 포용하는 것으로 여겨졌다.[*] [**] [***]

그러나 이런 요소들은 각각의 이상과 목적에 충실해야 한다. 그리하면 검의 특징들은 세상 속에 하나의 교범이자 절대적인 공식으로 자리 잡으며 기술·기법·지식으로 축적되나, 반대로 명확한 의도와 철학 없이 강행하면 단순한 무력 행사를 넘어 폭거와 폭력들로 점철되거나 자신들의 이상을 억지로 정당화하려 거짓 정보와 지식 들을

---

[*] 12-13세기부터 전파된 기사도는 무력 집단에게 최소한의 명분과 이상향을 제시해 무력이 남발되지 않도록 하는 기준으로 작용하고자 만들어졌다.
Maurice Hugh Keen, *Chivalry*, Yale University Press, 2005.
Kenneth Hodges, *Forging Chivalric Communities in Malory's Le Morte Darthur*, Palgrave Macmillan, 2005.
Christopher Gravett, *Knight: Noble Warrior of England 1200–1600*, Osprey Publishing, 2008.
필리페 브로샤르·파트리스 펠르랭, 『컬러 일러스트레이션 세계 생활사 12, 중세의 성과 기사』, 동아출판사, 1987, 40쪽.

[**] 정의의 여신상으로 대변되는 유스티티아Justitia(그리스에서는 아스트라이아 Astraea)의 묘사는 늘 검과 천칭을 모두 지닌 모습을 취한다. 또한 법은 각 지역권의 생활 기준과 문화에 따라 '사람이라면 공존을 위해 최소한 반드시 지켜야 한다고 여겨지는 것'들을 규정해 모두에게 이를 강제로 따르게 함으로써 사회의 균형과 치안을 안정시키는 데 그 의의가 있다.

[***] 현대 모든 국가의 군대는 타국에 대한 침략을 우선시하지 않으며, 모두 자신의 영역을 '방어'하는 목적을 강조한다.

사람들에게 강제로 주입하려는 모습으로 드러난다.* ** ***

이런 기술, 규칙, 무력의 의미는 세상의 다양한 분야 중 어떤 이론, 이상 등 형이상학적인 관념과 지식 들을 현실에 적용시키고 하나의 교과서나 공식처럼 적용해내는 분야와 밀접한 관련이 있다.

교범화된 지식·수학·기술·무기·법 등 어떤 기준에 맞춰 이루어진 체제나 시스템을 유지하는 것과 관련한 분야들이 주로 이에 속하며, 이는 각각의 검 카드를 통해 세부적인 내용으로 분화돼 표현된다.

* 수많은 과학적 진리와 모든 이에게 당연하다는 듯 교육되는 공식은 그 어떤 간단한 것이라도 각각의 원리와 이상적인 답안을 찾아내는 데 절대적 권위를 가진 것들이다.

** 군대나 경찰처럼 치안을 담당하는 조직이 그 폭력을 내부에 불법적인 방식으로 투사하면 자신이 지켜야 할 구성원을 해하게 된다. 이는 수많은 쿠데타와 폭력 사태로 시민이 학살당하거나 체제를 스스로 무너뜨리는 모습으로 드러난다. 대한민국의 경우 6·25, 4·19, 5·16, 12·12, 5·18 등이 좋은 예가 될 것이다.

*** 유사종교, 유사과학, 유사역사학의 수많은 사례가 있으며, 사회에 암적인 해악을 끼친다는 점에서 이들은 공통점이 있다.

John Galt, *Ringan Gilhaize: Or, The Covenanters*, Oliver & Boyd, 1823.

C. A. Elton, *Remains of Hesiod the Ascraean*, 1815.

Ronald H. Fritze, *Invented Knowledge: False History, Fake Science and Pseudo-Religions*, Reaktion Books, 2009.

Michael Shermer, Alex Grobman, *Denying History: Who Says the Holocaust Never Happened and Why Do They Say It?*, University of California Press, 2009.

이문영, 『유사역사학 비판』, 역사비평사, 2018.

4. PENTACLE(오망성)

땅의 원소에 배정된 수트는 오망성이다. 땅은 모든 것을 생장시키는 요소로 여겨졌다. 그러나 타로카드에 쓰인 오망성의 상징은 비교적 물질적이고 현실적인 가치를 가진 것에 그 근본을 둔다.

라이더-웨이트 덱은 이 수트를 마지막에 배치했다. 땅은 모든 것을 현실에 발붙일 수 있게 해주는 기반이자, 모두에게 공감을 얻는 데 성공하기 위한 요소들이 유형화된 물질을 의미한다. 이는 곧 현실을 살아가면서 필요한 유형적인 물질과 그에 상응하는 가치를 지닌 무형적인 요소를 포함한다.*

이런 요소들은 모두에게 일정 수준 이상 동일한 가치를 지녀야 한다. 모든 이에게 가치를 공인받아 재화로서의 가치를 지니게 된 금과 기축통화, 부동산 등이 이에 속한다.

반대로 제한적인 공간이나 상황에만 가치를 지니는 것도 오망성의 영역에 속한다. 이를테면 국가유공자의 경우 그의 명예가 타국, 나아가 적국에서는 존중될 수 없다는 사례로 이를 이해할 수 있으며, 화폐로써 기축통화가 아니기에 각국의 화폐들을 타국에서 동일하게 사용하지 못하는 경우도 예로 들 수 있다.** 나아가 기존에 가치 있다고 여겨진 것들이 무용지물로 전락하는 경우도 이에 속한다.***

이런 재화, 가치 있는 것들, 명예, 무형적 자산의 의미는 세상의 다양한 분야 속에서도 직접적인 재화의 유통, 또는 이로 치환할 수 있는 경험·경력·지위 등 현실에 직접적인 영향을 미치는 분야와 밀접

---

* 모든 유형화된 동산·부동산을 포괄하며 라이더-웨이트 덱부터 오망성PEN-TACLE으로 이를 칭하면서 형태가 없어도 가치 있다고 믿는 가치들도 포괄하게 됐다. 일례로 저작권, 초상권 등도 가치를 창출한다면 오망성에 해당한다.

** 기축통화가 아닌 환전되지 않은 화폐는 시장 가치가 없거나 특수한 목적(수집, 전시)이 아닌 한 가치가 없다.

*** 신용 금융 사회인 현대에서 국가의 신용도가 중요한 이유이며, 전쟁으로 국가가 화폐를 보증할 수 없을 때 그 화폐는 종잇조각이 된다. 다른 예로 하이퍼인플레이션으로 평가절하 당한 화폐를 들 수 있다(예: 헝가리 펭괴, 독일 바이마르공화국 시절의 제국 마르크, 짐바브웨 달러, 베네수엘라 볼리바르 등).

한 관련이 있다.

공인받은 재화·부동산·동산·(가치를 인정받은)명예·권리 등 다른 사람의 동의를 쉽게 얻을 수 있는 것들과 이를 유지하는 데 영향을 주는 분야들이 주로 이 수트에 속하며, 이는 각 오망성 카드를 통해 세부적인 내용들로 분화돼 표현된다.

이 책에서 다룰 라이더-웨이트 덱에서는 코트 카드의 구성을 각각 PAGE, KNIGHT, QUEEN, KING으로 구성해두었다. 그러나 이는 각국의 언어와 문화 또는 연구자 사이의 견해 차 때문에 다양하게 변용돼 불려왔으며, 그 과정에서 무엇이 정확한 것인지는 제작자인 웨이트조차 명확히 설명하지 못했다.

그렇기에 현재에 이르러서도 특정한 기준 없이 각 연구자의 견해나 특정 테마에 따라 그 의미와 명칭이 자주 바뀌게 된다.

코트 카드의 다양한 명칭들

PAGE(KNIVE)	KNIGHT	QUEEN	KING
PRINCESS	PRINCE	QUEEN	KNIGHT

주로 이런 방식으로 변용이 이루어지며 대부분 코트 카드를 계급별로 원소에 대응시켜 수트처럼 4×4 구조로 이해하는 경향이 있다. 그러나 이 기준들 중 시대착오적인 인종 관련 내용이나 외양에 관한 묘사는 현재 용도 폐기에 가까운 평가를 받으며 활용되지 않는다.

1. PAGE(종자)

이 청소년 종자들은 각 수트가 주관하는 분야의 초년생 또는 그 분야가 발전하기 전의 기초적인 상태를 의미한다.

그렇기에 이 카드가 의미하는 연령대는 보편적으로 10대 초반~20대 초반에 해당한다. 이는 PAGE라는 호칭을 통해 알 수 있다. 본래 이 단어는 7세부터 기사, 귀족, 궁정의 일들을 돕는 어린 하인을 뜻하기 때문이다.*

그렇기에 종자는 각 분야의 새로운 소식을 전파하거나 다른 사람에게 알려주는 메신저이며, 나아가 각 분야에서 전문적이지 못하되 대신 초심자의 행운이나 뛰어난/엉뚱한 상상력, 사람들의 시각에서 어리석어 보이거나 무모한 행위를 통해 해당 분야에서 자신의 입지를 넓히려는 모습으로 묘사된다.

종사 네 상은 위에서 언급한 네 가지 마이너 수트의 성격에 따라 묘사하되 각 분야의 의미 및 중점 사항을 왜곡하지 않는 선에서 다양하게 표현한다.

그렇기에 모든 종자의 기본적인 의미는 메신저, 견습, 아르바이트, 비정규직, 수습, 인턴십 등 명확한 기반은 없으나 해당 분야에 대한 의지를 표명하거나 간직한 상황/사람/수준을 뜻한다.

---

* 시동Page은 보통 7세쯤부터 일을 배우기 시작해 7년간의 교육을 거쳐 종자 Squire로 거듭나며, 이들이 훈련과 실전을 겪고 숙련도나 능력을 다른 기사들에게 인정받으면 기사로 서임되는 구조였다. 이 과정을 거쳐 20대 초반이 되면 기사로 서임될 최소한의 자격을 갖추게 됐다.

Michael Prestwich, *Armies and Warfare in the Middle Ages: The English Experience*, Yale University Press, 1996.

Barbara W. Tuchman, *A Distant Mirror: the Calamitous 14th Century*, 1987.

윤상석, 〈중세의 결투에서 생겨난 펜싱〉, 조선맘버스, 2014년 9월 30일 자. http://newsteacher.chosun.com/site/data/html_dir/2014/09/30/2014093000402.html

PAGE 공통 상징

모자Hat 사고思考를 뜻하며, 이로써 얻은 권위를 뜻한다. 나아가 그 모양과 재질에 따라 사회적·계급적 지위를 묘사하는 도구로도 쓰인다. 모자의 유무와 종류로 신분을 구분하거나, 이를 사용한 행위로 의사를 표현한다.*

각 종자는 그림을 통해 해당하는 마이너 수트의 특질과 결부돼 각 분야를 묘사하고 있다.

* 진 쿠퍼, 『그림으로 보는 세계문화상징사전』, 까치, 1994. 160쪽.

2. KNIGHT(기사)

이 기사들은 각 수트가 주관하는 분야에서 본격적으로 활약을 시작하는 청년과, 해당 분야가 현실 속에서 자신이 입지를 확보하려 활동하는 방식 또는 그에 준하는 상태를 의미한다.

그렇기에 이 카드가 의미하는 연령대는 보편적으로 20대 초중반~50대 중후반의 '청년'과 '경험자'다.* **

이는 '기사Knight'라는 호칭을 가진 자들이 어떤 입지와 권한을 가지고 있었는지 확인한다면 쉽게 이해할 수 있다. 기사는 중세 시절 단순한 무력 집단이 아니었으며 세금 징수, 무력 제공, 영주/국왕의 기반이 되는 장원과 영지를 관리하는 대리자들이었기 때문이다. 그렇기에 단순히 무력을 실행하는 자로서 자리매김하는 것이 아니라, 현장에 파견돼 자신이 추구하거나 섬기는 상위 개념/직위자의 의지를 다른 사람/환경에 실행하는 위치, 사람을 총칭하며, 이를 마이너 수트의 네 가지 유형으로 묘사한 것이다.***

---

* 이 카드의 연령대 구분이 매우 애매할 수 있으나, 오래된 경력자이되 자신의 확고한 기반이 없는 이들일 경우 이 카드로 대응시킬 수 있다. 곧, 어떤 집단의 대표자(사장, 대표이사 등)이 아닌 사람에게 고용돼 있고, 자신이 책임지는 집단의 규모가 소규모일 때는 그 전문성과 상관없이 자발적으로 독립하지 않는 한 기사 카드에 속한다.

** 이 연령 대응은 어디까지나 국내에 국한된다. 이는 실제 사회 초년생이 되기 위해 필요한 기본 요건인 고등교육 후 취업한 뒤를 전제로 한다. 사회 구성원으로서 보편적으로 인정받을 수 있는 몇 가지 요건을 거친 뒤에야 적용할 수 있다는 점(대학수학능력시험, 취업, 전역 등)을 감안해야 한다.

*** 이런 대응은 중세 귀족 생활 및 문화의 기본이었다. 나아가 이런 방식으로 지배자의 지위에 오른 이들을 예로 든다면 고대 알렉산드로스 - 아리스토텔레스, 아우구스투스 카이사르 - 아그리파, 네로 - 세네카 등에서 시작해, 중세 르네상스 시기의 샤를 7세 - 잔 다르크, 리처드 1세 - 윌리엄 마셜, 카를 5세 - 야코프 푸거 등이 있다.

이런 배치는 중세 문화와 깊은 관련이 있다. 젊은 왕과 그를 보필하는 충직한 노기사의 클리셰는 뿌리 깊게 박혀 있으며, 후계자/상속자에게 경험과 지식을 전수해 지배자의 위엄과 경륜을 갖추도록 보좌하는 것을 미덕으로 삼았기 때문이다.

그렇기에 기사는 기본적으로 각 분야에서 실제 업무에 종사하거나 연구를 진행하는 등 각 마이너 수트의 분야에서 실제 업무를 주관하고 실행하는 실무자로서의 위치를 점하며, 나아가 각 분야에서 다른 사람/환경의 저항을 이겨내고 최소한의 입지를 구축하는 데 성공한 사람을 묘사한다.

이러한 내용에 따라 기사 네 장은 마이너 수트의 네 가지 성격에 따라 다양하게 묘사하되 각 분야의 의미 및 중점 사항을 해하지 않는 선에서 다채롭게 표현된다.

이런 연유로 기사 카드의 기본적인 의미는 실무자, 실행자, 계약직, 정규직, 외주자, 프리랜서, 학사 등 자신이 종사하거나 의지를 표명하는 분야에서 자신이 해야 할 일을 명확히 인지하고 문제를 극복해나가거나 한 사람 몫을 해내는(또는 해내야 하는) 상황/사람/수준을 의미한다.

KNIGHT 공통 상징

말Horse 말은 지성, 지혜, 정신, 이성, 고귀함, 빛, 활력, 민첩함, 재치있음, 화살처럼 빨리 지나가는 인생을 상징하며 또한 본능적인 동물성, 선견지명, 바람, 파도의 바다를 상징한다. 또한 기독교 문화권에서 말은 태양, 용기, 아량을 뜻하며, 르네상스 시기 이후 정욕情慾을 상징한다.[3]

승마술Equitation/Horsemanship 일반적인 기마술이나 말과의 교류와는 다른 의미의 특정 목적(전쟁, 예법 등)을 위해 전문적으로 교육되는 승마술에 국한한다. 이는 곧 이 기사들이 체계적인 교육을 받았거나 그에 준하는 경험을 쌓았음을 뜻하며, 격식이나 예법 등 실제 자신의 분야에서 각자가 행하거나 지켜야 하는 규범들을 체화하는 단계에 있음을 의미한다.[4]

파나시Panache 기사의 갑주에서 헬멧helmet/helm 꼭대기에 장식하는 깃털을 일컫는다. 어원은 라틴어로 깃털을 의미하는 피나Pinna/Pinnaculum에서 발원했으며, 16세기 중반 파나시로 자리 잡았다. 또한 이 장식은 기사가 자신의 속한 분야의 전위에 나서Avant-garde 대표하고자 하는 사람임을 뜻한다.[5]

3. QUEEN(여왕)

여왕들은 기본적으로 각 수트가 주관하는 분야 내부를 관리하거나 운영하는 중간 관리자들과, 현실 속에서 자신의 입지를 확보했으나 해당 분야를 대표하기에는 그 능력이나 기반이 부족한 상태를 의미한다.

그렇기에 이 카드가 의미하는 연령대는 보편적으로 20대 중후반 ~50대 초반의 '중년' 또는 실무자급 경력자 또는 그에 준하는 영향력을 지닌 여성들(연예인, 복부인 등)을 의미한다. 그러나 이 카드를 단순히 여성에 국한해 이해하는 것은 문제가 있다.

이는 단순한 여성성을 대표하는 것을 떠나, 중세 궁정에서 귀부인들의 위치가 어떠했는지 확인한다면 쉽게 이해할 수 있다. 당시 여성 귀족의 권력은 대표자만 아니었을 뿐, 그 밖의 실권은 배우자와 동등했으며, 영지의 승계, 상속, 보유 권한을 독자적으로 행사했다.*

이로써 이 여왕들이 단순한 '여성'에 국한되지 않음을 알 수 있다. 나아가 각 분야에서 대표자를 대리해 행정적인 문제를 처리하거나, 내부 인사를 관리할 만큼의 입지가 있음을 알 수 있으며, 이를 마이너 카드의 네 가지 유형이나 분야에 대입한 것으로 이해해야 한다.

그렇기에 여왕 카드에 묘사된 인물들은 기본적으로 각 분야의 내실을 다지고 인원들을 관리하는 등, 각 마이너 수트에서 벌어질 수 있는 일들에 대한 위험성Risk을 관리하는 능력을 가지고 있는 사람으로 묘사되며, 나아가 각 분야에서 다른 분야의 사람들이나 비전문가가 알 수 없거나 쉽게 접근할 수 없는 내밀한 실무들을 직접적으로

---

* 아키텐 공작부인 엘레아노르, 부르고뉴 공작부인 등 중세 귀족 여성의 지위는 수동적이지 않았으며, 개인의 소유권도 존중됐다. 특히 아키텐 공작부인 엘레아노르는 자신의 영지를 아들인 리처드 1세에게 승계해주었는데, 이런 식의 계승으로 인해 프랑스 내륙의 영국 왕실의 영지가 프랑스 왕보다도 더 넓었던 시기가 있었다. 이는 이후 백년전쟁의 단초 중 하나가 된다.
케르스틴 뤼커·우테 댄셸, 『처음 읽는 여성 세계사』, 어크로스, 2018.

처리할 능력과 기반을 쌓아올린 사람으로 묘사된다.* **

이러한 내용에 따라 여왕 카드 네 장은 마이너 수트의 네 가지 성격에 따라 다양하게 묘사하되, 각 분야의 의미 및 중점사항을 해하지 않는 선에서 다양하게 표현된다.

이런 연유로 여왕 카드들의 공통적인 의미는 관리자, 의사 결정권을 어느 정도 가진 실무자/운영자/전문가 등 각자의 분야에서 자리 잡을 수 있는 능력과 기반을 이미 충분히 지니고 있으며, 비상 상황이거나 위임을 받았을 때 해당 분야에 제한적으로나마 전권을 행사할 수 있는 사람/상황/수준을 의미한다.

이 연령 기준은 국내 기준으로 이해해야 한다. 해당 업무를 진행할 수 있는 경력을 언제부터 쌓아왔는지를 묘사하기 때문이다. 보편적으로 단순 성격이나 심리 상태를 묘사하는 정도에 국한될 때가 많다.

* 이 때문에 고전적인 내치를 담당하는 여왕 ‒ 가정에서 집안을 관리하는 여성의 이미지가 삽입됐다.

** 다양한 부서의 부서장들을 예로 들 수 있다. 겉으로는 어떤 집단에 소속돼 있기에 부서장들이 세부적 업무들을 파악할 수 없으나, 이런 중간 관리자들이 자신의 일을 방기하면 해당 조직/집단은 점차 병들게 된다.

QUEEN 공통 상징

관Crown[6] 지고한 통치권, 승리, 명예, 위엄, 보수, 최고의 달성, 헌신, 완전성, 한정된 시간, 지속을 뜻한다. 모든 여왕 카드의 관은 왕에 비해 치장과 장식이 덜한데, 이는 부제副帝*와 동일한 의미를 부각시키기 위해 배정된 것이다.

왕좌/옥좌Throne 성과 속 두 세계의 권위와 지식을 지배하고 있음을 드러내는 상징이다. 각 왕좌의 부조와 장식들을 통해 왕좌에 앉은 이가 어떤 지위에 있는지 표현하며, 나아가 그가 지배하는 것이 어떤 성향/특성을 지니고 있는지 묘사한다.** ***

* 부제는 로마 황제 디오클레티아누스Diocletianus의 사두정치Tetrarchia 체제에서 생성된 직책이다. 정제正帝를 보좌하며, 정제 사후 정제의 뒤를 이어 통치하는 구조로 이루어진 체제이나, 황제 사후 유명무실화된다.

** 불법을 깨우친 부처의 옥좌는 불법 자체를 의미하는 연꽃 위에 있다.

*** 「에제키엘서」에 기록된 신의 옥좌는 우주의 중심으로 묘사되며 네 귀퉁이에 사자, 황소, 독수리, 인간의 얼굴로 이루어진 테트라모프가 새겨져 있다고 표현된다. 「에제키엘서」 1장 참고.

4. KING(왕)

이 왕들은 기본적으로 각 수트가 주관하는 분야를 대표하는 권위자들과 해당 분야의 정수를 간직하고 이를 다른 사람들에게 거시적으로 당당히 행사하는 자들과 그에 준하는 모습/수준/방식 들을 의미한다.

그렇기에 이 카드가 의미하는 연령대는 어떠한 한 분야를 대표할 수 있는 수준의 학습량과 경험을 쌓아올릴 수 있는 고연령대를 대표한다. 일반적으로 30대 중반~70대 초반의 연령대를 묘사한다.* **

이는 역사적으로 왕King들이 자신의 기반에서 어떻게 행동해왔는지 확인한다면 쉽게 이해할 수 있다. 왕은 자신의 영지에서 일어난 모든 일을 대표하며, 이를 인지하거나 처리할 수 있어야 하기 때문이다. 나아가 자신의 능력과 권한/권위로 모든 문제를 해결하거나, 그렇지 않을 때는 스스로 이에 대한 책임을 지는 사람으로서 자리매김한다.

이런 연유로 왕 카드 네 장은 기본적으로 각 분야의 최고 권위자이거나 그에 상응하는 유·무형적 기반을 구축하는 데 성공한 사람들을 의미하며, 나아가 다른 분야나 문외한들에게까지 영향력을 끼친다. 예를 들어 자신의 권위·능력·실적 등을 간단히 소개하더라도 이를 쉽게 인정받거나, 스스로 완성한 기반을 통해 이를 드러내기만 해도 다른 사람의 존중을 자연스럽게 이끌어낼 수 있는 사람들을 뜻한다.

앞서 언급한 다른 코트 카드들처럼, 왕 카드 네 장은 마이너 수트의 네 가지 성격에 따라 다양하게 묘사하되, 각 분야의 의미 및 중점 사항을 해하지 않는 선에서 다채롭게 표현된다.

이런 연유로 왕 카드들의 기본적인 의미는 전권 책임자, 경영자,

---

* 재산의 상속자, 유복자를 포괄하는 어느 집단, 단체의 대표자, 혹은 그에 걸맞는 위치의 전문가를 포괄한다.

** 사회 통념상 이런 대표자급으로 인식하는 일반적인 연령대를 묘사한 것일 뿐, 각 카드가 의미하는 자격, 조건, 상황을 갖춘다면 누구나 이 카드로 묘사될 수 있다.

전문가, 대표자, 박사, 교수 등 자신의 분야에서 최고의 단계에 오르거나 해당 분야를 대변·대표하는 사람 또는 그에 상응하는 수준이나 대응력이 필요한 상황을 의미한다.

KING 공통 상징

관Crown 지고한 통치권, 승리, 명예, 위엄, 보수, 최고의 달성, 헌신, 완전성, 한정된 시간, 지속을 뜻한다. 모든 왕 카드의 관은 정당한, 당당한 지배자임을 부각시키기 위해 보다 화려하게 묘사돼 있다.

왕좌/옥좌Throne 여왕과 동일한 상징을 취하나 각 마이너 수트들이 완벽히 변환되거나 그에 상응하는 다른 대응물들을 배치시켜 최고 권위 또는 책임을 수행하고 해당 분야를 대표하는 이로 묘사되게끔 표현돼 있다.

COURT CARD

PAGE *of* WANDS.

소식
News(paper)

아이들은 자신의 장점이나 알고자 하는 것, 알게 된 것들을 웃어른들에게 전하고 그에 따른 청찬 등의 반응을 얻으려 애쓴다. 이는 아이들이 자신을 보살피고 애정을 쏟아주는 이를 위해 자신의 기쁨을 공유하려 하기 때문이다. 이는 어디까지나 선의와 순수함으로 가득 찬 결과물이다.

그렇기에 아이들은 스스로 생각하거나 겪고 학습한 새로운 것들을 사람들에게 알리려 하며, 이 과정에서 어른들은 자신들이 이미 알고 있거나 아이들이 말하는 엉뚱한 발상 가득한 이야기에 당황하거나 기뻐하고는 한다.

이른바 소식을 전달하는 이들은 현대 사회 곳곳에도 존재한다. 그것이 단순한 가십인지, 혹은 세상을 격변시킬 내용인지는 이 아이 역시 모른다. 그렇기에 아이의 순수한 열정에서 오는 단순한 바람을 막연히 무시하지 말고 그 소식들에 주의를 기울여야 한다.

이런 연유로 소식을 전하는 자는 그 소식을 순수한 의도와 자신이 경험하여 깨우쳐 형성한 기준을 통해 여과해내야 함을 이 카드는 강조한다.

이 내용은 곧 이 카드의 주된 의미인 소식(을 전달하는 사람)에 적용된다.

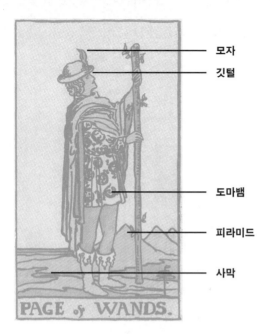

모자

깃털

도마뱀

피라미드

사막

PAGE ᴏғ WANDS.

모자 끊임없는 움직임을 뜻하며, 이로써 자신이 지니고 있거나 전달받은 것들을 해당 인물이 다른 사람들에게 전달/전파할 것임을 의미한다.

다른 목적이 없거나 화려한 치장이 없는 깃털 달린 모자는 서구권에서 보편적으로 전령신傳令神 헤르메스Hermes의 상징물로 인식된다.

깃털 가벼움을 의미한다. 본래는 공기의 원소를 의미하는 전형적인 상징이나, 오용을 막기 위해 자신이 가진 원소의 색을 띄도록 붉은 빛으로 바꿔 더욱 확실히 표현했다. 또한 상징이 품은 가벼움의 의미를 통해 이 소년/종자의 진중함이 덜할 수 있다는 점을 부각시키며, 자신의 능력보다 주변 성장 환경과 밀접한 관련이 있음을 뜻하는 장치로 쓰였다.

모자petasos를 쓴 헤르메스 동상. 바티칸박물관.

도마뱀 옷에 새겨진 도마뱀들은 연금술에서 불을 담당하는 정령으로 묘사됐던 샐러맨더Salamander를 의미한다. 각 코트PAGE-KNIGHT-QUEEN-KING의 발전을 통해 약화/강화된 표현으로 각 코트의 역량과 능력을 묘사한다.

피라미드 영적 최고 단계를 보여주려 할 때 의도적으로 삽입되는 상징이며, 통과 의례initiation 과정에서 가장 높은 수준을 뜻한다. 상징 자체로도 불을 의미하며, 남근숭배사상과도 관련된다. 이로 인해 피라미드, 사막을 그림에 삽입하는 덱은 4원소 중 완드(불)를 가장 우선시한다는 점을 알 수 있다.

사막 사막 지역의 기후로 인해 불을 의미하는 것이 아니라, 불이 의미하는 형이상학적 문제들과 이를 탐구하기 위해 필요한 고난, 역경을 묘사하고자 동원됐다. 이는 그리스-로마, 유대 시기부터 쓰였던 상징이다. 특히 오이디푸스 신화*와 모세가 방황 끝에 계시를 얻는 장면**은 좋은 예다. 가톨릭 4대 교부 중 한 명인 성 히에로니무스St. Hieronymus의 전승***은 더 세세한 묘사를 통해 사막의 상징적 의미를 확정지었다. 황량한 사막 속에서 묵상, 고행, 수련, 참오, 기도, 경험을 통해 각 코트들이 자신들의 역량을 상승시키거나 증명해내야 한다는 것을 드러낸다.

---

* 오이디푸스는 왕국에 내려진 재앙의 원인이 자신의 행위로 인한 것임을 깨닫고 자신의 눈을 찔러 멀게 한 후 사막을 방황한다. 이는 곧 완드(철학, 사색)가 상징하는 요소들이 없었기에 벌어진 문제들에 대한 회한과 이를 찾아 사막을 방황하는 것으로 이해할 수 있다.

** 모세는 출애굽 이전 사막으로 나가 묵상하며 신의 계시를 갈구했으며, 이윽고 신이 응답한 후 유대 민족을 이끌게 됐다.
「탈출기」 3-4장.

*** 히에로니무스는 불가타 성서를 번역한 가톨릭 4대 교부 중 한 명으로 숭앙받는다. 그는 사막의 동굴에서 성서를 번역하며 다양한 일화를 남겼다.
가스펠서브, 『교회용어사전』, 생명의말씀사, 2013.
진 쿠퍼, 『그림으로 보는 세계문화상징사전』, 까치, 1994. 93-94쪽.

PAGE *of* WANDS.(이하 Pw)는 새로운 뉴스/패러다임/아이디어를 가지거나 전달하는 자를 뜻한다.

Pw의 의미는 그림으로 쉽게 이해할 수 있다. 자신이 추구하고자하는 것들을 알음알음 찾아가며 그렇게 찾은 것들이 무엇인지 명확하게 이해하지 못한 채 이를 남에게 알리는 모습으로 표현돼 있기 때문이다.

이런 내용은 이 소년이 결연한 의지를 보이지 못하고 자신이 쥔 지팡이를 우러러보듯 살피고 있다는 점을 통해 알 수 있다.

이런 Pw의 문제는 결국 자신의 결연한 의지나 통찰 없이 단순한 새로움이나 신기함만을 남에게 부각시키려 하거나 최악의 경우 아무런 문제가 아닌 이야기를 자신의 불순한 의도에 섞어 정보를 조작해 남에게 주입하려 하는 만용으로 이어질 수 있다.

Pw의 그림은 중세 전령의 모습을 표현했다. 전령은 중세 유럽에서 불가침에 준하는 권리를 가졌으며, 고대 로마 시대부터 각 성, 요새, 도시 등의 주요 거점을 지배하는 이들이 내린 조치나 해당 지역 안의 다양한 소식을 전하는 관리이기도 했다. 이로써 아이와 전령의 의미를 결합한 것을 알 수 있다.

또한 이런 전령의 역할은 전쟁에서 개전/휴전/종전을 알리는 자였으며, 더 나아가 전투에서 발생한 사망자와 포로의 신원 확인을 해주는 문장관의 역할로 강화됐으나, 그만큼 전령이 악의적으로 봉서 封書의 인장을 뜯어내 정보를 유출시키는 등의 부작용도 있었다.*

이런 Pw의 다양한 통찰력이나 의도가 확립돼 있고, 그것을 순수히 발현해줄 수 있는 주변 환경이 형성돼 있다면 Pw는 발견한 새로운

* John Boardman, *Greek Gems and Finger Rings*, H. N. Abrams, Inc., 1972.

John Cherry, "The breaking of seals", *Medieval Europe 1992: pre-printed papers: vol. 7: Art and Symbolism*, pp. 23–27.

Dominique Collon, *7000 Years of Seals*, British Museum Press, 1997.

John McEwan, *Seals in Medieval London 1050–1300*, Boydell & Brewer, 2016.

Laura J. Whatley, *A Companion to Seals in the Middle Ages*, Brill, 2019.

https://www.thehistorypress.co.uk/articles/a-brief-history-of-signet-rings/

것들을 이용해 순식간에 세상을 놀라게 만들며, 자신의 아이디어를 통해 이루고자 했던 것을 모두 달성하거나 크게 성장해 많은 사람의 귀감으로 자리 잡을 수 있다.

그러나 이런 단순한 소식이나 아이디어로는 어떤 계획이나 가시적인 결과물을 내는 데 많은 어려움이 따를 수밖에 없는 현실을 감안해야 하는데, 이는 Pw 자신을 둘러싼 환경이나 문화, 습속으로 인해 형성된 것에 불과하기 때문이다.*

카드의 묘사로는 Pw가 두 손으로 지팡이를 우러러보는 모습을 통해 이를 유추할 수 있다. 이는 이 소년이 해당 수트를 완벽하게 이해하고 일을 진행하는 것이 아니라, 단순히 이 수트에 해당하는 가치(철학, 통찰, 노동 등)를 그저 선망하는 것에 그치고 있다는 점을 지적하고 있기 때문이다.

많은 부모가 오늘도 자녀의 다양한 시행착오들을 바라보며 수많은 상상과 기대를 품고 있을 것이다. 그 상상과 기대를 현실에 펼쳐 내려면 더 많은 고민과 노력, 지원과 이해가 필요하다는 것을 자각해야 한다고 이 카드는 강조한다. 그런데 정작 그 상상과 기대를 뛰어넘을 수 있는 방법이 의외로 단순한 발상에서 시작할 수 있다는 점을 어른들은 간과한다.

Pw는 이런 자녀들의 순수한 모습과 함께 그들의 개념, 아이디어, 생각 들을 구김 없이 발현할 수 있도록 해준다면 아이 스스로 재기 넘치거나 때로는 엉뚱한 발상으로 모두를 놀라게 할 자신만의 비전을 펼쳐낼 수 있다는 것을 그림을 통해 강조한다.

---

* 사례로 이 뉴스를 참고할 만하다. 최형우, 〈학교에서 쫓겨난 과학기술자들〉, 한국과학창의재단, 2017년 9월 8일 자.
https://www.sciencetimes.co.kr/?news=학교에서-쫓겨난-과학기술자들

연금술 Pw는 정수Essence를 간직한 질료Source가 연성을 시작하며 스스로의 가치를 증명하고자 나아가려는 영Spirit의 모습을 표현한다.

숲에서 성으로 향하는 방향(→)을 응시하나, 실제 행동에 옮기지 못하고 있으며, 자신이 추구하려는 영의 열망과 의지는 뛰어날지 모르나 그 기준이 명확하지 않거나 일관성이 없는 상황임을 두 손으로 완드를 쥔 모습을 묘사함으로써 보여준다.

즉, 스스로 불을 피워내기보다 다른 이의 불꽃을 바라보거나 영향을 받아 자신의 판단 기준을 세우려 드는 모습으로 이해할 수 있다.

그렇기에 Pw가 의미하는 불은 매우 순수하고 자연스럽게 발생하며, 폭발적인 경향이 있다. 반대로, 산만하거나 자신의 의도를 명확히 하지 못하는 문제가 공존하고 있다는 점을 경고하며, 이는 이 카드의 의미인 가십, 흉보凶報, 주의 산만 등의 의미로 연결된다.

이 과정을 거쳐 성에 도달 또는 안착하는 데 성공하면 격의 상승/변화가 일어난다.

카발라 Pw는 제1계(발출계, Atsiluth)의 말쿠트Mal-kuth에 배정된다. 이는 곧 순수한 에너지를 하위 세계로 전달하며, 동시에 그 하위 세계에서 새로운 발출(케텔Kethel)을 시작하는 의미를 가진다.

모든 발출이 끝나 하위 세계로 내려갈 채비를 하는 모습이며, 이 과정을 통해 스스로 간직한 불의 속성을 망각하거나, 하위 세계에 영향을 미치게 된다.

곧, 자신에게 불꽃이 없지는 않으나 그 수준이 평범하거나 널리 퍼져 개별적인 역량이 부족할 수밖에 없게 된 상황/상태임을 뜻한다.

이런 의미는 반대로 자신의 영향력이 크지 않기에 더 높은 단계로 나아가고자 자신이 지니고 있거나 알아낸 잠재력 또는 가능성을 더욱 높은 이들이나 다른 분야에 전달해 자신의 격을 높이려 함을 의미한다.

이런 상승 욕구는 곧 이 카드의 의미인 '소식(을 전달하는 자/아이)'과 연결된다.

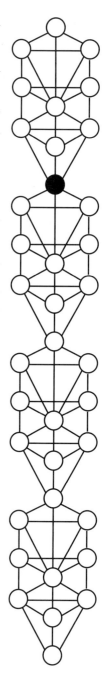

점성술 모든 종자PAGE는 토트 덱/라이더-웨이트 덱을 비롯한 타로 카드 전반에 걸쳐서 각 4원소의 원물질, 근원Source으로 분류되며, 가공되지 않은 상태로 정의해 그 가능성/잠재력을 주목하는 서술을 취한다.

그렇기에 점성술의 요소를 삽입하는 견해를 가진 대부분의 연구가들은 이견 없이 이 카드를 '불의 원소' 자체로 설명한다.

이는 곧 더 빠른 행동/접근을 통해 다른 요소/현상들에 반응하는 모습(양자리♈)과 더 높은 이상으로 향하려는 의지(사수자리♐), 그리고 이런 것들을 통해 자신의 입지를 다른 사람들 사이에 뿌리 내리려는 모습(사자자리♌)으로 드러난다.

그러나 이런 잠재력은 제대로 발휘되기 어려우며, 그렇기에 단순한 가십을 과장하거나 반대로 중요한 이슈를 축소하는 등 잘못된 소식을 전하면서 자신의 영향력/위신을 실추시키는 경우로 악화될 수 있다. 이로 인해 엉뚱한 관심을 받거나 호의/악의와 무관하게 남의 주목을 받고, 되레 공상에 가까운 상상으로 사람들 또는 사회의 질시를 받는 상황으로 악화될 수 있다.

KNIGHT *of* WANDS.

탐험, 여행
Pathfinding, Discover

KNIGHT *of* WANDS.

기사의 역할 중 새로운 변화의 움직임을 간파해 빠르게 이를 경계하거나 체험해 진위 여부를 가리거나 유용성을 판단하는 등의 행위는 그 자신들에게 명예로운 모험담이자 다른 지배자들 또는 연인이 될 수 있는 귀부인Lady들에게 자신을 부각시킬 수 있는 기회였다.*

 그만큼 이들은 자신이 알고 있던 관념을 벗어난 모든 것에 의해 자신의 신념이나 보고 경험하고 배워왔던 것들이 세상의 전부가 아니라는 것을 강제로 인식당해야만 했으며, 이는 곧 다른 환경, 장소, 상황에 적응하지 못한 상태로 노출돼야만 하는 위험으로 이어졌으나, 대신 성공했을 때 그에 따라오는 영광과 명예는 그들을 이처럼 도박과도 같은 상황으로 유혹했다.

 이런 새로운 것들에 대한 호기심과 경계심은 자기 자신만이 아닌 상대방에게도 동일하게 적용될 수밖에 없었다. 이런 관념/관점/이상/통찰의 기본이 되는 가치관의 차이를 이해해 극복하거나, 자신의 주장을 관철하거나, 상대방의 처지를 받아들이는 것과 관련한 화두들은 이들에게 큰 난제였다.

 이런 내용들은 이 카드의 주된 키워드인 (자신이 추구하는 것을 위한)탐험, 새로운 것을 접하다/맞이하다라는 의미로 적용된다.

장갑Gloves/Gauntlet

마구의 문양

말의 자세

KNIGHT of WANDS.

* 이런 그들의 모습은 중세의 기사 계급이 새로이 태동해 무력 집단으로 형성
되는 과정에서 더욱 다각화됐으며, 각자 추구하는 가치나 관념에 대한 체험과
모험에 나서며 사람들에게 많은 영감과 정보를 제공하게 됐다.

장갑Gloves/Gauntlet 자신이 추구하고 있는 이상/이념적 관념이나 통찰력이 자신에게서 온전히 나온 것이 아니라, 그보다 수준 높거나 그 스스로 영향을 받았다고 인정할 수밖에 없는 이의 것을 빌려 잡고 있는 상황임을 보여준다. 이는 곧 자신이 어떤 관념/철학/이상을 창조한 것이 아니라 남의 것을 자신에게 적용해서 지금과 같은 역량/수준을 확보했다는 것을 뜻한다.

마구의 문양 마구에 새겨진 새싹은 각 기사들이 자신이 원하는 바를 표현한 것이다. 이는 각 기사가 속한 마이너 수트별로 의미가 분화된다. 이 카드에서는 이런 자신의 행동/사색의 과정을 통해 자신의 관념/이상/철학이 완성되길 원하고 있음을 보여준다.

말의 자세 그림 속 말의 자세는 발진/정지하는 동작을 표현하고 있다. 배경묘사가 불친절한 것은 둘 중 하나만을 의미하지 않고, 둘의 의미를 아우르되 상황에 따라 적용을 달리해야 한다는 점을 시사한다. 이는 새로운 것, 자신이 추구하는 것을 맞이하거나 경계하려면 직접 나아가야/멈춰야 하는 상황임을 뜻한다.

KNIGHT *of* WANDS.(이하 Nw)는 새로운 것을 맞이하거나 새로운 영역에 (자신의 의지를 바꾸지 않은 채) 내딛는 자를 뜻한다.

새로운 개념들을 맞이하거나 반대로 다른 새로운 곳으로 나아간다는 의미가 한 카드에 함께 있을 수 있는가라는 의문은, 이 카드를 접한 대부분의 사람이 품어봤을 것이다.

이런 문제는 Nw가 의미하는 것이 단순한 이동이나 전파와 달리 '자신의 목표/이상/의지'를 지닌 사람으로 묘사되기 때문이다.

이는 자신의 기반이나 거처에 도착/방문한 새로운 개념/사건/소식/사람을 맞이하거나 받아들이는 것에서 시작해 이를 검토·검증하려는 사람이나 상황에 맞닥뜨렸음을 의미한다. 그러나 이 과정에서 자신의 주관이 개입될 수 있기에 그에 따른 부작용과 선입견으로 문제가 생길 수 있다는 점이 부각되며, 이런 요소들은 Nw의 부정적인 의미를 자아낸다.

나아가 새로운 개념이나 이성 들을 어떻게 받아들여 기존의 것과 비교하거나 자신이 품고 있는 이상/이념과 어떻게 조화시킬 수 있을지 고민하고 노력하는 사람을 뜻한다.

그림 속에서도 자신의 의지/처지/관념/관점을 확립했다고 여기고 있는 이 기사는 자신이 알고 있는 것들과 다른 것들을 경계하며, 그와 동시에 새로이 나타난 것들을 자신의 관점/판단(완드)에 입각해 수용/거절/투쟁하리라는 것을 확인할 수 있다.

그렇기에 Nw는 더 열린 관점과 현명한 판단으로 이런 문제들을 해결할 때, 자신이 속한 분야나 다른 사람들에게 영향력을 전파하며, 자신의 명성을 드높일 수 있다는 점을 강조한다.

이와 달리, 이러한 차이를 이해하지 못하고 자신의 입장을 강화하거나, 상황을 명확히 파악하지 못한 채 분쟁을 일으키거나, 상대방의 관점을 이해하지 못한 상태를 당연히 여기는 착각/만용을 부린다면 스스로를 위태롭게 만들 수 있다는 점을 주의해야 한다.

Nw는 이런 요소들 때문에 자신의 통찰/식견/철학이 무조건 옳다는 생각을 버려야 성장할 수 있다는 점을 지적하며, 자신의 입장과 생각을 더 높은 차원으로 발전시키려면 기존의 방침이 옳은지 판단해야 할 때, 그 판단에 자신의 편견이 적용되지는 않았는지 의심해야 한다는 점을 강조한다.

이처럼 Nw에 등장하는 기사는 자신이 추구하려는 것을 강화하거나 확인하고자 다른 존재들을 접하거나 맞이하는 사람을 묘사한다. 그렇기에 자신이 생각하는 바가 세상과 크게 다르거나, 관념/관점의 차이를 극복해내지 못해 배척당하거나, 자신의 의지/관념에 모순이나 문제가 있다는 점을 받아들이지 못할 때 다른 이들과 마찰을 일으킬 수 있다.

그러나 Nw의 다양한 시도가 긍정적인 영향을 미칠 때는 다양한 개념의 발견과 서로 다른 이상을 결합해 새로운 대안을 마련하는 등, 자신의 의지나 관념을 통해 주변을 변화시켜 자신의 존재감을 사람들과 세상 속에 부각시킨다.

연금술 Nw는 대중적이거나 넓게 퍼진 저변 속에서 자신의 의지를 발현해내는 영Spirit의 모습을 표현한다. 이는 Pw와 대치되는 움직임 (←)을 보이는 것으로 확인할 수 있다.

성Soul 안에서 자신이 원하는 것을 깨닫게 된 의지, 영Spirit은 이를 얻고자 나아가며, 그 여정 동안 발생한 여러 문제와 화두를 받아들이거나 경험해 자신이 원하는 것을 더욱 구체화한다. 나아가 이를 통해 남과 구분되는 자신만의 개성이나 정체성을 확립해나가는 과정임을 보여준다.

그러나 이런 과정 속에서 스스로의 정체성을 잊어 남의 사상/이상에 매몰되면 부정적인 영향을 주변에 끼치며, 끝내는 자신이 무엇을 하고 있는지 또는 하려 했는지조차 모르는 채 허울뿐인 이상에 휘둘려 자신의 잠재력을 잃어갈 수 있다는 점을 경고한다.

카발라 카발라주의가 적용된 구조에서 Nw는 발출계의 적자嫡子이자 가장 아름다운 모습을 한 미美의 티페레트Tiphereth에 대응된다.

이 아름다움은 결국 더 나은, 더 완벽한, 더 높은 수준과 경지를 향해 나아가는 모습으로 묘사된다.

이는 긍정적으로 위대한 또는 자신을 낳아준 원형이 되는 존재들의 장단점을 공유하며, 나아가 이를 극복하고 초월해 자신이 가진 의문이나 이상의 종착점이 어디에서 발출됐는지 알 수 있는 가장 아름다운 방법이라 이해하기 때문이다.

반대로 원류로 나아가는 데 성공하더라도 그 과정을 모두 잊어버리거나 자신의 역량이 이에 미치지 못해 좌절하면 방황·방랑할 수밖에 없고, 자신의 역량이 이미 근원에 닿아 있다는 자만으로 인해 스스로 위신/위엄을 깎아내릴 수 있다는 점을 경고한다.

이런 의미는 Nw의 중추적인 의미인 '탐구자, 철학도, (젊은)꼰대' 등의 의미로 이어진다.

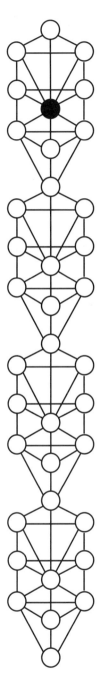

점성술 헤르메스주의를 결합해 체계를 완성한 크롤리의 토트 덱에서는 모든 기사KNIGHT를 왕KING의 위치로 바꿨다.

이 때문에 라이더-웨이트 덱의 왕에 대응하는 카드는 왕자PRINCE로 바뀌었는데, 그럼에도 기사들의 도상은 그대로 유지했고, 그 결과 라이더-웨이트 덱과 토트 덱의 구조는 크게 달라졌다.

토트 덱에서 이 카드에 배정된 별자리는 불의 원소에서도 적응력과 임기응변이 뛰어나다고 여겨지는Mutable 사수자리♐로 이해할 수 있다. 높은 이상을 추구하고 이를 전파하거나 다른 세계 또는 분야의 개념을 이해해 자신의 분야에 선보이는 식의 활동을 하는 모습으로 묘사하며, 그 과정에서 생기는 긍정/부정적인 상황/성향/인물을 표현하려 했다는 것을 알 수 있다.

그러나 이 책에서 다루는 라이더-웨이트 덱의 도상에는 사수자리의 특색을 띤 묘사가 없기에(굳이 꼽는다면 말에 탄 기사의 모습을 켄타우로스로 해석할 수 있으나, 이를 그렇게 이해하기에는 일관성이 부족하다) 점성술의 개입이 이루어지지 않았다는 것을 알 수 있다.*

---

* 개입이 이루어졌다면 그림 속의 상징물과 묘사에 명확한 차별성을 둬 변화시켜야 하며, 넓게는 78장, 좁게는 코트 카드 16장, 더 좁게는 모든 기사 카드 네 장에 일관적이고 뚜렷한 상징을 배치해 묘사했어야 한다.

QUEEN *of* WANDS.

열광적인 추종자
Enthusiast(fan/groupie)

자신이 속한 영지/왕국 내부의 사기 진작과 공동체 유지에 힘쓰는 것은 여왕의 중요한 의무 중 하나였다. 여왕들은 자신의 언행으로 기반 안의 사람들에게 자신이 추구하고자 하는 미덕들을 설파했으며, 나아가 자신의 배우자인 영주나 왕에게 스스로 믿고 추구하고자 하는 이념과 이상, 계획을 현실에 옮기도록 고취했다.*

그러나 이런 열의는 그와 관계없는 이들이나 다른 이상/이념/기반 위에 있는 이들에게는 몹시 이질적일 수밖에 없었으며, 여왕들은 자신이 속해야 하는 기반이나 왕국에 내분을 일으키거나 중상모략 끝에 죽음을 당하거나 폐서인되는 것을 넘어, 자신의 기반이나 이상을 폄훼하는 결말을 맞는 경우도 있었다.

이런 여왕의 면모는 이 카드의 주 키워드인 어떤 이상을 추종하다, 설파하다라는 의미로 부각된다.

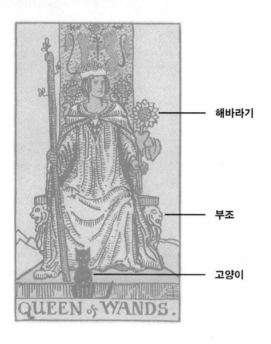

해바라기

부조

고양이

* 이런 그들의 노력은 십자군 원정에 자신의 배우자를 출정시킨 경우나 국가 내정을 위해 길쌈을 보급하는 등의 과거의 모습에서 현재는 자녀에 대한 교육 열로 드러난다. 또 자신의 기반에 속해 있는 이들의 명예와 실리를 추구하거 나 발전을 위한 투자로 이어져 자신의 이상을 더 높은 수준으로 현실에 이끌 어내려 했던 사례도 있다.

해바라기 탐닉, 숭배를 의미한다. 이는 이 인물이 옳다고 여기거나 추종하는 요소에 충실한 사람이라는 것을 드러낸다. 기본적으로 완드 수트가 의미하는 바와 동일한 분야와 관련이 깊으나, 그렇지 않을 때는 대개 부정적인 의미로 적용된다.[7]

부조 명확한 판별이 어려우나 기본적으로 고양잇과 동물의 부조이며, 수트나 다른 카드와 연결을 고려한다면 암사자로 이해할 수 있다. 이는 곧 실체적인 행동력을 지니고 이를 기반 삼아 이 자리나 기반을 형성할 수 있었음을 의미한다. 그러나 표범이나 치타와 같은 종류의 부조라면 기민한 행동력과 예민한 감각으로 쉽게 표변하는 인물이며, 이런 과정들을 통해 자신의 감식안이나 식별 능력을 자신의 기반으로 삼아 성장해왔음을 뜻한다.

고양이 검은 고양이는 불행, 달, 악, 죽음을 의미했으며, 마녀의 사자使者이자 시종으로 인식돼왔다. 중세 시기 비과학적인 억측이 대두돼 시작된 마녀사냥에서 검은 고양이에 대한 교황청의 도살屠殺령이 내려지며* 종교 분쟁, 이단 심판의 도구로 이용됐다.** 이 때문에 고양이는 서양에서 부정적인 인식으로 확고히 자리 잡는다.

　이 카드에서는 다른 상징들의 조합으로 악, 불행의 의미가 다소 퇴색돼 있으며, 독자적이고 반항적인 이미지를 등장인물이 가지고 있음을 부각시키고자 쓰였다.[8]

---

　* 이 도살령은 교황 그레고리우스 9세의 칙령 「라마의 소리*Vox in Rama*」에 명기돼 있으며, 당대 유럽인들은 흑사병이 유행하자 군중심리로 인해 종, 색과 관계없이 모든 고양이를 죽이기 시작했다. 이는 병원균을 살포하는 매개체인 쥐의 천적을 없애 전염병이 더 활발히 퍼지는 계기 중 하나가 됐다.
https://en.wikipedia.org/wiki/Vox_in_Rama

　** 교황 그레고리우스 9세는 1235년에 검은 고양이를 키운 죄로 카타리파를 고소한다. 1323년 한 수도원장과 수도사들이 고양이와 관련한 문제 때문에 추방, 화형을 당한 기록도 있다. 이와 비슷한 기록들은 17-18세기까지 계속 발견된다.
피에르 미켈, 피에르 프로브스트, 『컬러 일러스트레이션 세계 생활사 11, 중세의 도시 생활』, 동아출판사, 1987, 58-61쪽.

QUEEN of WANDS.(이하 Qw)는 어떤 이념/이상을 추구하거나 추종하며, 이를 미덕이라고 설파하는 사람/상황/것을 뜻한다.

이런 요소들은 KNIGHT of CUPS.(이하 Nc)와 언뜻 비슷해보일 수 있으나, 단순히 '자신이 믿거나 좋아하는 것에 대한 전달'을 의미하는 Nc와 의미가 다르다. Qw가 의미하는 상황들이 Nc보다 능동적이며, 최소한 자신의 기반을 갖췄거나 더 구체적이고 논리적으로 자신이 추종하는 이상/이념을 전파하고, 나아가 자신의 기반 안에서 이를 실행, 실현하고자 하는 모습으로 표현되기 때문이다.

Qw의 이런 면모는 그림을 통해 더 선명하게 묘사된다. 해바라기로 자신이 추종하는 것(이상/인물/사상 등)이 있음을 드러내며, 이를 남에게 권하거나 자신에게 적용하면 제3자들에게 이단적 발상이나 반항적 태도로 비치기 쉽다는 점을 검은 고양이로 표현하고 있다.

이는 곧 올바른 사상, 당연히 이루어져야 하는 주장을 추종할 경우 사람들의 저항과 탄압을 무릅쓰더라도 감행해 자신과 자신이 따르는 것을 세상에 관철하고 주장의 정당성을 알리는 운동가의 면모를 드러내나, 반대로 Qw의 의지가 아무리 옳더라도 다른 사람들의 저항으로 인해 자신의 뜻을 실현시키지 못하거나 추구하고 있는 이상 또는 이념 자체에 문제가 있거나 Qw에 해당하는 인물이 제대로 된 고민이나 사색을 거치지 않은 상태로 그저 맹목적인 추종을 일삼는다면 사람들에게 비난받거나 조롱당할 만한 명백한 실책을 자신의 신념이라고 착각한 나머지 스스로를 망치거나 되레 남을 매도하는 등, 적반하장을 일삼게 될 수 있음을 경고한다.

마녀의 전형적인 상징인 검은 고양이를 등장시킨 것 또한 남들과 다른 것을 추구하려는 태도 때문에 희생양이 될 수 있다는 점을 경고한다. 이는 마녀사냥의 실체가 반종교적인 이단 심판에 치중한 것이 아니라, 크고 작은 정적 제거나 유산 분배, 주거 불명의 약자에 대한 배타주의와 불안한 시국이 겹치면서 광기 어린 행위가 벌어진 것에 가까웠기 때문이다.*

* 이탈리아의 도미니코회 수도자인 지롤라모 사보나롤라Girolamo Svonarola(1452~1498)는 높은 학식과 금욕으로 명성을 얻었으며 교회와 속세의 타락

이런 이단적 주장 관철, 반항적인 태도는 자신이 몸담고 있거나 추구하고 있는 기반이나 이상을 쉽게 훼손할 수 있으며, 최악의 경우 이런 Qw의 성향/이상/이념이 반사회적이라는 평가를 받으면 비난에 이은 무력 투사와 강제 조치로 Qw의 모든 것을 잃어버릴 수 있다는 점을 검은 고양이를 통해 묘사하고 있다.

Qw는 그렇기에 자신이 간직하거나 추종하고자 하는 것을 내세우면서 그 근본/원론에 자리한 문제와 모순을 제대로 된 명분과 준비를 통해 현실과 충돌을 일으키지 않도록 조율해야 하며, 이런 준비 없이 세상에 자신의 뜻을 펼치는 것을 주의해야 한다는 점을 그림을 통해 묘사하고 있다. 나아가, 사람들의 저항이나 반대에 부딪히지 않기 위해 필요한 것들을 충분히 살펴볼 것을 강조한다.

을 비판했고, 피렌체의 정권을 잡아 신정정치적 민주정을 도입하고 종교개혁을 실현하려는 법을 제정했으나 교황의 반대에 부딪혔다. 이 과정에서 교황은 그의 예언 능력을 교황청에서도 증명하도록 명했으나 사보나롤라는 병을 핑계로 이행하지 않았으며, 교황은 그에게 불복종의 죄를 물어 파문했다. 이후, 인심을 잃은 그는 유죄 판결을 받고 피렌체에서 화형당했다.
Donald Weinstein, *Savonarola, The Rise and Fall of a Renaissance Prophet*, Yale University Press, 2011.

미카엘 세르베투스Michael Servetus(1511~1553)는 스페인의 신학자, 지리학자, 의사, 생리학자다. 신성로마제국 황제인 카를 5세의 고해 사제인 후안데 킨타나의 시동이었으며, 이때 스페인의 종교 분쟁으로 생긴 일들을 목격한다(당시 스페인은 기독교를 받아들이지 않은 유대인 12만 명을 추방하고, 무어인 수천 명을 화형에 처했다). 교회의 부패를 비판하고 삼위일체설을 부정했으며, 이 때문에 활동하던 프랑스에서 탈출해야 했다. 또한 앙숙이던 장 칼뱅과의 갈등도 더욱 격화됐으며, 제네바에서 결국 체포돼 재판 후 화형당했다.
유대칠, 『신성한 모독자』, 추수밭, 2018.

마녀사냥의 실상은 중세-근대 사이의 다양한 문제, 즉 전염병, 병충해, 경제위기, 전쟁, 농민 봉기, 종교개혁 등의 사회 불안 요소들의 원인 제공자를 만들어내 그들의 부나 이권을 갈취하거나 그들을 희생양 삼아 사회를 안정시키려는 목적이 숨어 있었다.
피터 마셜, 『종교개혁』, 교유서가, 2016.

연금술 Q_w는 자신의 의지, 영Spirit을 (자신이 인정하는) 더 높은 수준의 이상을 추종하거나 그 이상을 품에 안고 전면에 나선 이들을 보좌하고, 나아가 더 많은 이에게 자신이 추구하는 바를 능동적으로 알리기 시작하는 모습을 표현하고 있다.

이는 여왕이 들고 있는 완드와 해바라기를 통해 묘사되며, 이 인물이 P_w처럼 단순히 결과물을 추종하거나 어떤 현상에 쉽게 경도되는 것이 아니라 자신의 의지나 영적 방향성에 합치되는 것에 부합하는 위업(을 달성한 자)에게 향한다는 점을 의미한다. 이에 더해, 더 많은 이에게 이 이상을 알리고 전파해 더 보편적으로 자리 잡게 만들고 싶어 하는 사람/모습/상황임을 시선의 방향(→)을 통해 드러내고 있다.

그러나 자신의 영적 신념과 추종하는 우상/이상이 잘못된 것임에도 이를 고집하거나 자신의 의지를 매몰시켜 이런 것들을 맹목적으로 따르는 모습으로 변질될 수 있다는 점을 드러내며, 끝내는 자신이 따르는 것과 함께 몰락할 수 있음을 경고한다.

카발라 카발라주의의 관점을 대입해 Qw를 이해한다면 이는 곧 제1계의 비나Binah에 대응됨을 확인할 수 있다.

그렇기에 Qw는 모든 이상, 관념 등의 형이상학적인 것들을 이해하려 하는 모습과 더불어 이를 하부세계에 전파하는 모습으로 이해할 수 있다.

이는 비나라는 세피라의 성격과 관련 있는데, 상부에서 발출된 순수한 에너지를 받아들이고 (이해를 거쳐)하부 세피라들에게 다양한 모습으로 이를 적용해나갈 수 있도록 전파하는 역할을 맡고 있기 때문이다.

이런 까닭에 Qw가 추구하는 이상이 순수하고 위대한 그분의 현현顯現에 닿아 있는 개념의 산물이라면 응당 세상에 구현돼야 할 올바른 것들을 하부 세피라, 다른 사람들에게 전파해 좁게는 자신의 주변에서 넓게는 자신이 속한 분야나 세상 전체를 변화시킬 수 있는 존재임을 묘사한다.

그러나 그것이 단순히 우상에 지나지 않거나 순수하지 않고 저열한 욕망을 위해 발현된다면, 자신을 비롯해 자신이 추종하고자 했던 것의 격格과 위신을 실추시킬 수 있다는 점을 경고한다.

이런 의미는 카드의 의미 가운데 하나인 '그루피Groupie, (열성)팬'등의 의미와 연결된다.

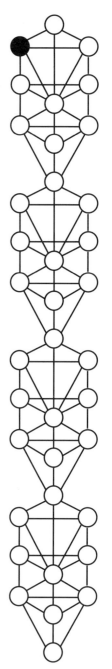

점성술 크롤리는 이 카드의 점성술 대응을 불의 원소에서 활동적 Cardinal인 양자리♈로 배치했으며, 그림의 세부 묘사를 변경해 그가 의도하고자 하는 헤르메스주의를 설파하려 했으나, 그의 표현은 열정적인 의미를 더 과격하게 왜곡한 것으로 보인다.[*]

라이더-웨이트 덱에서는 직접적으로 양자리와 결부된 표현이 전혀 없으며, 굳이 연관성을 찾는다면 관의 장식인 새싹/잎과 결부시킬 수 있을 것이다.[**]

이로써 Qw의 성향이 자신의 관심사나 분야에 해당할 때는 매우 공격적·적극적으로 이를 확보 또는 지지/거부의 판단을 하는 것으로 이해할 수 있으며, 반대로 이런 공격성이 다른 이들에게 여과 없이 노출돼 혐오감을 키울 수 있다는 점을 강조한다.

---

[*] 토트 덱의 해설에서 그는 부조에 새겨진 것을 생물체로 변경하고, 여왕이 이 표범의 머리 위에 손을 올려 조언을 받고 있다고 묘사하나, 그럴 경우 Qw의 의미는 악덕, 모종의 부정적인 영향력을 행사하려 드는 사람으로 그 의미가 폄하된다는 점을 간과한 것으로 보이며, 이에 대해 명확히 설명하지 않았다. Aleister Crowley, *The Book of Thoth*, Weiser Books, 1944, pp. 152-153.

[**] 양자리는 점성술에서 봄의 시작을 알리는 시기(3월 21일~ 4월 19일)로 이해한다.

KING *of* WANDS

영감, 철학
Insight, Philosophycal

권위, 권력, 무력에 앞서 어떤 집단을 하나로 아우를 수 있는 대표성과 그에 대한 의지, 곧 명분은 왕이 갖추어야 할 가장 중요한 요소였다.

명분은 왕과 왕의 가문, 출신, 선출 과정에서 시작해 해당 공동체의 보편적인 지지를 얻을 수 있는 요소인 문화, 종교, 구성원의 생활양식 등을 통해 집단 전체의 정체성을 확고히 해주기 때문이다.

나아가 해당 집단의 스테레오타입Stereotype을 대변하는 것이 왕이자 해당 집단을 대표하는 선출자 또는 그런 연립 정권의 수장으로 자리매김한다는 의미와 같다.

프랑스의 보수주의자인 조제프 드 메스트르Joseph de Maistres(1753~1821)는 "국민은 그에 맞는 수준의 정부를 가진다."라는 말을 남겼다.* 구성원은 자신의 수준에 맞는 지도자를 선출한다는 뜻이다. 나아가 이 과정에 적용되는 해당 집단의 보편적 진리·기준·미덕·(향하고자 하는)의지를 대표하는 존재로 자리매김하는 것이 왕이라고 할 수 있다.

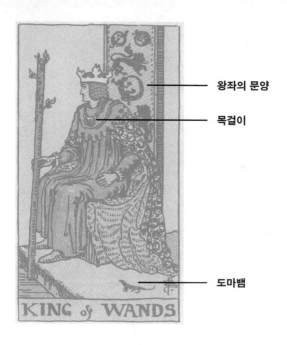

왕좌의 문양

목걸이

도마뱀

KING of WANDS

왕좌의 문양 이는 이 인물의 위업, 성과, 결과물이 활발히 모든 분야에 실제 적용돼 모두가 이를 인정할 수밖에 없는 지위로 격상될 수준임을 뜻한다. 나아가 우주사Uroboros의 형태를 뚜렷하게 드러낸 도마뱀들을 통해 이런 통찰력이 모두 선순환하며, 나아가 대중과 현실 세계에 강력하게 영향을 끼치고 있다는 점을 강조한다.

목걸이 사자의 표식을 통해 영적 추구를 지향하는 사람임을 모두가 인정했으며 이에 국한해 자신의 기반을 형성했다는 것을 표현하는 장치다. 나아가 완드 수트 - 불 원소가 의미하는 분야의 내용에 통달했다는 것을 증명하는 증표다.[9]

도마뱀 불의 정령인 샐러맨더Salamander가 실체를 갖춰 형성됐음을 묘사했다. 이는 곧 이 인물이 해당 분야에서 달성한 위업을 누구나 확인할 수 있는 수준이라는 것을 드러내며, 나아가 자신의 분야가 담고 있는 정수를 꿰뚫는 통찰력과 지배력을 겸비하고 있다는 것을 의미한다.

그러나 자신의 지식·지혜를 표현하며 과묵하고 투박하거나 원론에 충실한 방식을 차용하는 사람이라는 점을 상징의 변화(불도마뱀→도마뱀)로 표현했다.[10]

KING *of* WANDS(이하 Kw)는 어떤 이상·이념을 추구해서 끝내 자신의 기반을 이루어내고 해당 분야의 다른 이들을 대표하거나 권위를 얻는 데 성공한 사람/상황/것을 뜻한다.

이런 내용을 묘사하고자 Kw는 기본적으로 완드 수트를 대표하는 요소(불의 정령인 불도마뱀 등)가 현실에 있거나 그에 해당하는 대표적 상징물들을 부각시키며, 묘사된 인물로 하여금 이를 지배하거나 능수능란하게 이용하는 모습으로 표현된다.

라이더-웨이트 덱에서는 실제 행동력이 낮을 수밖에 없는 왕의 묘사를 위해 옥좌에 앉아 있는 묘사를 하나, 옷에 새겨진 불의 상징이 현실에 드러나도록 표현함으로써 자신의 분야에서 일가를 이룬 사람임을 드러내고 있다.

카드에서도 이는 명확히 표현되는데, 왕좌에 앉아 있어 행동력이 없어 보이지만 그의 모든 능력·실력·성과는 이미 자신의 분야에 널리 통용되거나 절대적인 권위가 있다는 점을 옥좌의 문양으로 보여준다.

이런 묘사 방식이 가능한 이유는 시대, 문화, 분야를 초월한 절대적인 이치나 체험/증명에 성공한 현명한 지혜(철학, 이상 등)들을 완드 수트가 총괄하기 때문이다.

위와 같은 묘사를 통해 Kw는 자신의 분야에서 절대적인 통찰通察을 지니고 있다. 이는 곧 자신이 줄곧 추구하고 실현해내는 과정 속에서 해당 분야를 거치면 겪을 수 있는 대부분의 시행착오를 겪었기에 가능한 것이며, 해당 분야에서 잊지 않아야 할 절대적인 유·무형의 가치를 여러 근거나 출처, 사례로 판단하고 있음을 보여준다.

이런 요소가 긍정적으로 발현되면 Kw는 일의 시작과 끝을 이미 알고 있거나, 자신의 선견지명이 담긴 권위를 통해 불가능했던 일을 성사시키는 존재로 부각되며, 이로써 다른 사람들이나 구성원들의 존경과 경외심을 불러일으키게 된다. 이런 면모는 이 카드의 키워드인 통찰력(이 있는 사람)과 결부된다.

이와 달리 Kw의 부정적인 면모가 부각되면, 자신의 분야가 아님에도 같은 기준을 남에게 종용하거나 해당 분야에 부는 거센 변화의 바람을 제때 인지하지 못하고 뒤처지는 모습으로 전락하며, 최악의 경우 이를 강제로 관철하려다가 다른 이들과 강한 마찰을 빚는 완고함으로 자신을 고착해버린다.

이는 끝내 꺾이지 않는 의지로 기반을 닦은 자신의 사례가 다른 이들에게도 당연히 통용될 것이라고 여겨 생기는 문제다.

이런 면모를 지닌 Kw가 자신의 수준을 끌어올리는 데 성공함으로써 위대한 인물로 거듭난다면, 단순히 자신의 분야에 머무르지 않고 세상 전반을 바꾸는 데 지대한 영향을 미친다. 이때 Kw는 단지 궁정 Court의 한 부분이 아니라 세상을 관통하는 거대한 조류를 스스로 일으키며 메이저 수트로의 각성과 인정, 영광이 뒤따른다.

Kw는 그렇기에 자신이 이룩한 유·무형적인 것들을 다른 사람들에게 더욱 확실하고 명철하게 설명함으로써 자신과 관련되지 않은 사람이나 사안에서도 이를 이해할 수 있도록 사고思考에 유연성을 꾸준히 부여해 경직되지 않아야 한다는 점을 경고한다.

불은 얼지 않으며, 그 속에서 꾸준히 열을 내며 불타오르고 있어야 한다는 점을 잊지 말도록 주문하고 있다.

연금술 불의 정점에 도달한 Kw의 연금술 의미는 자신의 의지, 영 Spirit의 방향성을 유지하고, 나아가 이를 세상 속에 구현해내 모두가 이를 당연히 여기는 수준에 다다랐음을 표현하고 있다.

이로써 Kw 자신이 추구하고 나아가는 목표점이 넓게는 모든 이들, 좁게는 자신의 분야나 기반 속에 정신적으로 뿌리 깊게 박히는 것에 닿아 있음을 알 수 있으며, 이런 통념에 가까운 원리/이상/이념/철학적 이론을 완성해 세상에 거대한 영향력을 행사하는 것이라는 점을 보여준다.

그러나 사람들의 인식 또는 가치관의 변화를 받아들이지 못하고 시대를 거스른다면 완고하고 경직된 사고관을 다른 사람이나 자신의 기반 안에 강요하는 모습으로 남게 되며, 종국에는 Kw가 하는 말이 옳은 이야기임에도 대중에게 외면받을 수 있다는 점을 경고한다.

그렇기에 Kw는 자신이 구현해낸 것을 보존하고 남들에게 당당히 내세우기 전에, 그것을 구현하고자 어떤 원론적인 화두/주제/의지에 초점을 맞춰왔는지 놓치지 않아야 하며, 그 과정에서 비록 걸음이 느려지더라도 꿋꿋이 나아가야 한다는 점을 시선의 방향(←)을 통해 언급한다.

카발라 카발라주의의 관점에서 Kw는 발출계의 호크마Chokmah에 배정된다. 이 세피라는 지혜를 관장한다고 알려졌는데, 이는 신성한 발출을 처음으로 받아들이는 곳이며, 이로 하여금 모든 창조의 계획을 담아내어 하부 세피라들에게 폭발하듯 분출한다는 뜻을 가지기 때문이다.

그렇기에 Kw는 모든 현상, 사물, 이론, 이상에 개입할 수 있는 원론적인 정수를 항상 담아내고, 이를 세상에 구현해 만인의 공인을 받은 사람임을 뜻한다.

이런 영향력은 각 분야를 막론하고 존재해야 하는 기본 원리와 이론, 구조의 얼개를 지원하는 요소 전반에 작용한다.

그러나 그에 선결된 지혜가 없는 상태로 이를 행사하면 원리·이론이 없는 정체불명의 요소를 만들거나 이를 남에게 종용하는 모습으로 전락할 수 있음을 경고한다.*

* 케텔 - 호크마에 연결된 경로에 배정된 메이저 카드가 0(메이저 상징편 187쪽 참고)이라는 점에서 부정적 요소를 쉽게 연상할 수 있으며, 긍정적인 영향을 얻으려면 필요한 것이 무엇인지 알 수 있다.

점성술 뒷면의 부조를 통해 Kw가 사자자리♌에 배정된다고 할 수 있으나, 앞서 언급했듯 제작자는 명확한 언급을 하지 않았다.

헤르메스주의를 기준으로 재구성한 토트 덱에서는 기존의 모든 왕KING을 왕자PRINCE로 변경했으며, 이는 카발라주의, 연금술, 점성술을 혼합하는 과정에서 그 나름의 완벽성을 기하려 시도한 것으로 보인다.

사자자리에 대응될 경우 Kw의 존재감은 해당 분야를 대표하는 실질적인 권위자로 자리잡은 상황을 의미하며, 자신이 속한 분야가 곧 자기 자신의 업적, 역량, 위업으로 형성됐다고 여길 수준이라 이해할 수 있다.

그러나 이는 곧 오만함으로 변질되기 쉬우며, 다른 사람들의 우상화에 경도돼 스스로를 돌아보지 않는다면 모든 것을 잃을 수 있다는 점을 경고한다.

본래 점성술에서 사자자리는 보통 왕, 군주의 별자리라 칭하는데, 이를 부정적으로 해석한다면 '절대 권력은 절대 부패한다'라는 말로 이해를 도울 수 있으리라.

PAGE *of* CUPS.

충동적인 감정
Impulsive feeling

PAGE of CUPS.

재담꾼, 사당패 등 거리의 예술가들은 다양한 소재로 당시의 사회상을 다루었으며, 이 과정에서 더 자극적이고 직설적인 표현과 내용으로 사람들에게 인기를 얻었다. 나아가 이렇게 축적된 것들은 사회의 빛과 그림자를 모두 다루게 됐으며, 권력자들마저 자신의 여흥을 위해 이들을 초청하게 된다.

그리하여 지위를 얻게 된 궁정광대Jester는 중세 유럽에서 면책특권에 준하는 발언의 자유를 얻었다. 특히 자신이 느낀 바나 감정을 그대로 표출하는 데 그 역할이 집중돼 있으며, 군주나 귀족이 이들에게 위해를 가하면 귀족의 품위에 걸맞지 않게 체통 없이 옹졸한 모습을 보이냐는 비판을 받았다.

이런 상황을 이용해 궁정광대는 자신의 충동을 그대로 표현했다. 이는 곧 카드의 키워드인 충동적 감정Impulsive feeling으로 적용된다.

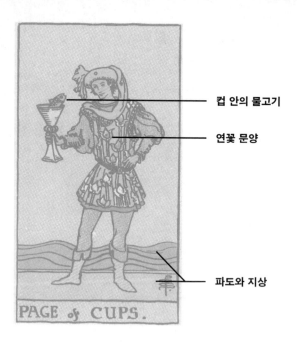

컵 안의 물고기

연꽃 문양

파도와 지상

PAGE of CUPS.

컵 안의 물고기 이 구도는 자신의 감정 속에 잠재한 무의식을 뜻하며, 그림 속 인물이 이를 주시하고 있는 것은 그 불확실한 무의식과 직접적으로 접촉하거나 응시해 자신의 감정을 확인하려는 상황임을 보여준다. 날것 그대로를 묘사한 것이기에 그림 속 인물은 그 강렬함에 쉽게 이끌리나, 이를 담아내거나 소화할 그릇이 완성되지 못했거나 적기에 그 수준이 일천할 수밖에 없음을 묘사하는 장치다.

연꽃 문양 신플라톤주의 철학자 이암블리코스Iamblichos는 연잎, 연꽃, 연밥 모두가 둥글기에 완전성을 상징한다고 여겨졌다. 나아가 진흙 속에 뿌리를 내려 흐린 물을 지나 세상에 드러나기에 영적 개화의 상징으로 차용됐다.

그림 속에서 이 문양은 상당히 산발적으로 그려져 있는데, 이는 이 인물의 충동이 어떤 궁극적 목표를 위한 개화를 시작하지 못한 상태며, 다른 상징들을 통해 이 원인이 유동적인 감정 또는 외부의 동요를 스스로 통제하지 못해 벌어지는 상황임을 보여준다.[11]

파도와 지상 물결치는 파도가 그려져 있으나, 이 인물이 서 있는 곳은 견고한 대지다. 이는 외부의 요동치는 감정이 실제 그림 속 인물에게 어떤 영향을 미치지 못한다는 것을 지적하며, 이 인물이 겉으로 드러내고 있는 화려함이나 태연한 모습과 달리 내면은 소용돌이치는 감정의 조류가 있다는 것을 암시한다.

PAGE *of* CUPS.(이하 Pc)는 충동적인 감정들과 이로 인해 벌어지는 해프닝을 의미하며, 그만큼 자신의 감정을 통제하기 힘든 상황/사건/인물을 뜻한다.

자신의 순수한 감정을 표현하는 것이 충동으로 묘사되는 까닭은 이 카드가 보여주는 감정의 표현 방식들이 제대로 정제되지 않았고, 이 때문에 자신과 주변 사람들에게 의도와 관계없는 의외의 영향을 미치기 때문이다. 이는 곧 자신의 감정에 솔직하고 이를 직시할 수는 있으나, 외부/남에게 미숙한 방식으로 표현한다는 의미를 파생한다.

그림에서도 이를 확인할 수 있는데, 자신의 욕망이나 충동을 그대로 천연덕스럽게 직시하는 것은 그만큼 때묻지 않은 순수한 감정을 지니고 있다는 사실을 보여주나, 반대로 이를 받아들이거나 바라보는 이들에게 민폐가 될 수 있으며, 그 과정에서 Pc가 진심으로 이를 표현한들 다른 사람들이 부담스러워하거나 불편해할 수 있다는 점을 전혀 자각하지 못하고 있다는 것을 지적한다.

이런 묘사로써 Pc는 자신의 감정을 정제되지 않은 채로 표현하는 방식, 상황을 통해 새로운 것을 창출해내거나 다른 사람들에게 영감을 주는 존재로 표현된다. 이렇듯 충동에 따른 행동/표현 방식들은 사람들에게 신선한 반응을 이끌어내며, 이때 어떤 분야/기반/표현의 영역이 넓어지는 결과를 낳는다.

그러나 이런 충동이 늘 긍정적인 효과를 낳을 수는 없으며, 사람들이 받아들일 준비가 되지 않았거나 자신의 역량이 부족할 때 이를 억지로 드러내면, Pc는 사람들에게 불쾌감을 불러일으키게 된다. 표현이 미숙한 아이들이 자신의 의도를 달성하고자 공공장소에서 떼를 쓰며 울부짖어 주변에 민폐를 끼치는 모습으로 쉽게 이해할 수 있다. 나아가 인간관계나 업무상 지켜야 할 절차들을 자신의 감정적 판단만으로 무시함으로써 배척당하거나 질시받는 상황 또한 예로 들 수 있다.

이처럼 Pc의 충동적인 행동들은 자신의 감수성을 제대로 소화해내지 못해 벌어지는 일들이며, 이 때문에 생긴 해프닝을 비롯해 부정적인 의미를 파생한다. 최악의 경우, 한순간의 감정 때문에 돌이킬 수 없는 행동을 저질러 자신과 자신 주변의 기반을 송두리째 뒤흔들어버리는 결과로 치달을 수도 있다.

그렇기에 Pc는 자신이 느끼고 있는 충동에 가까운 감정을 사람들에게 표현할 때 그 방식이나 상황에 따라 반응이 달라질 수 있으니 주의해야 한다는 것을 그림을 통해 경고하며, 나아가 자신이 진심으로 느낀 감정을 어떻게 전달해서 감동을 느끼게 하고, 같은 감정을 공유하는 것을 넘어 인정받을 수 있는지 충분히 고민해볼 것을 강조한다.

연금술 Pc는 자신의 작은 공감, 공유 또는 개인에 국한된 감성, 감동, 욕망이 자신의 개성을 선명하게 부각시키거나 남들과 다른 모습으로 비치길 원하는 혼Soul의 모습을 의미한다.

그림 속 인물은 성에서 숲(←) 방향을 응시하나, 정작 시선의 끝은 자신의 무의식과 감정을 의미하는 물고기, 컵에 닿아 있다는 점을 통해 Pc가 공감받고자 하는 것이 어디까지나 개인에 국한되거나 지지자가 소수일 뿐인 상황임을 의미한다.

그렇기에 Pc가 의미하는 물은 배경의 바다보다 그 자신이 응시하는 물고기 한 마리에 국한되며, 이를 남에게 배려 없이 내세워 불편이나 민폐를 끼칠 수 있다는 점을 경고한다.

그러나 Pc는 최소한 적더라도 감정과 공감을 더 확장하려는 의지는 있으며, 그 의지를 구현하고 개선하려면 더 넓은 시야를 갖추고 받아들일 수 있도록 배려하는 방법을 교육받아야 한다는 점을 드러낸다.

카발라 Pc는 제2계(창조계, Briah)의 말쿠트에 배정됐다. 이는 창조된 것들을 하부 세계로 보내며, 동시에 이렇게 창조된 피조물들의 위치와 역할을 나누는 의미를 가진다.

제2계의 구조를 우선해 설명한다면, 모든 창조를 마무리하는 과정을 통해 스스로 품어왔던 물의 속성을 망각하며, 하위 세계의 피조물들에 이를 분산시키는 것으로 이해할 수 있다.

반대로 상부 세피라로 다시 올라서려면 자신이 품고 있는 감정/감수성을 더 높은 수준으로 격상시키거나 더 많은 이에게 자신이 원하는 것을 아름답고 자연스럽게 전달해야 하고, 그리하여 자신의 격을 높일 수 있다는 점을 부각시킨다.

그러나 이를 제대로 표현하지 못하면 다른 사람들은 Pc의 진심 여부와 상관없이 묵살하거나 주목해주지 않고 신체를 구속하는 등의 강제력을 동원할 수 있다는 점을 경고한다.

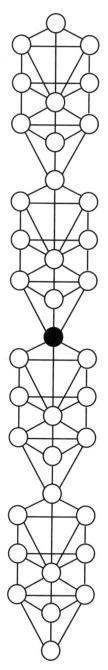

점성술 물의 근원Source으로 묘사되는 Pc는 항상 생동감 있는 모습으로 자신 주위의 감정들을 격동시키고 자극한다.

이는 곧 빠르게 감정을 전달해서 사람들의 반응을 이끌어내려는 모습으로 표현되나, 그 과정에서 폐쇄적/가정적 면모와(게자리♋) 더 강렬하고 치명적이며 직설적인 방식으로(전갈자리♏) 자신과 자신을 둘러싼 이들의 무의식을 모호하게 자극해(물고기자리♓) 원하는 바를 이루려는 모습으로 드러난다. 이로 인해 그림 속 모든 PAGE 중 Pc는 가장 화려하게 표현됐다.

그러나 이런 방식은 자신과 일치한 감정선을 지니거나 Pc의 처지, 상황을 받아주고 소화할 수 있는 이들에게나 긍정적일 수밖에 없으며, 이를 이해하지 못하는 이들에게는 그저 악다구니, 떼 쓰기 수준으로 받아들여질 수밖에 없어 스스로의 격을 낮출 수 있다는 점 또한 경고한다.

KNIGHT *of* CUPS.

관광, 전도傳道
Mission(기독교 의미로서의)

기사는 예부터 낭만적인 묘사에 빠지지 않고 등장하는 소재였으며, 중세에 태동한 다양한 서사시나 음유시인의 노래로 많은 이에게 환상을 심어주는 존재였다.* 이런 이야기들 속에 등장하는 기사는 올바른 신앙을 찾아 헤매는 자나 때로는 진정한 사랑을 찾으려 진심을 다하는 자로 묘사되는 등, 당시 사람들이 공유하고 싶어 했던 무형적인 감정을 얻거나 퍼트리는 존재로 자리매김했다. 그러나 그것이 사회적으로 불온하거나 감정적 만족만을 충족하는 등 편협한 시각으로 기울어지는 경우도 있었으며, 다른 사람의 의사와 관계없이 자신의 감정이나 신념을 남에게 무작정 전파하는 경우도 있었다는 점을 지적한다.

　이는 이 카드의 주 키워드인 자신의 감정을 '다른 사람에게 전달하다'의 의미로 적용된다.

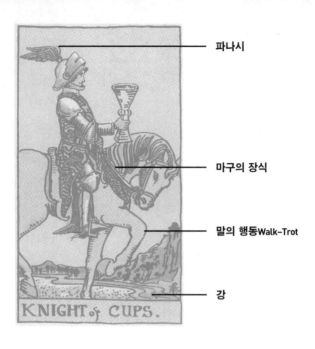

파나시

마구의 장식

말의 행동Walk-Trot

강

KNIGHT of CUPS.

* 여기서 논하는 음유시인은 애정과 관련한 서사시(가)를 주로 다루었던 트루
바두르Troubadour다. 전쟁이나 영웅 이야기를 다루었던 프랑스 북부/독일 등
지의 음유시인과 달리 프랑스 남부를 주 활동 거점으로 삼은 트루바두르들은
기사도와 기사의 여행기로 귀부인의 마음을 움직였다. 이들은 각 지방 영주,
자유도시를 전전하며 자신의 노래를 선보였고, 귀족들은 그들을 초청해 연회
를 열며 즐기곤 했다. 이런 시가들은 이후 단순한 전쟁, 명예, 사랑을 표현하는
것에서 벗어나 종교적인 요소들과 혼합돼 더 보편적인 문화를 꽃피웠다. 이러
한 현상을 보여주는 가장 대표적인 이야기가 성배Holy Grail 전설이다.
조세프 앙글라드, 『지중해의 여행자, 트루바두르』, 이담북스, 2016.

파나시 기사의 투구에 장식된 푸른색 날개 형태의 파나시는 그림 속 인물이 지닌 무엇인가를 이성적(날개)으로 전달하려는 사람임을 의미한다.

마구의 장식 이 장식은 다른 기사들과 같이 이 인물이 이런 행위를 통해 감정적인 격동이나 변화를 일으키는 수준의 상황을 만들어내길 원한다는 것을 표현한다. 나아가 자신의 이런 행보와 과정으로 더 큰 반향을 이끌어내는 데 성공해 자신의 수준을 더 높은 차원으로 끌어올리려는 의지를 드러낸다.

말의 행동Walk-Trot 비교적 온건하고 평범하게 걷는 동작이 묘사됐다. 이는 이 인물이 자신이 의도하는 어떤 행위를 하면서 더 유화적인 모습으로 다른 분야/세계/공간/집단이나 사람들에게 나설 것이라는 점을 강조한다.

강 강은 다른 세계/차원의 경계다. 이 카드에서는 강을 건너려는 묘사를 함으로써 이 인물이 다른 세계로 진출/방문해 자신이 전하거나 간직하고 있는 것들을 전달하고자 하는 사람임을 드러내고자 했다.

KNIGHT *of* CUPS. (이하 Nc)는 자신이 믿거나 느낀 감정들을 남의 영역에서 전파하거나 확인하는 상황/분야/인물을 뜻한다.

이런 의미는 그림에서도 명확히 표현된다. 자신이 간직하고 있으며 나누고 싶어 하는 감정을 손에 들고 다른 분야/세계/사람들에게 천천히 다가가는 모습을 통해 이를 확인할 수 있다. 나아가 자신의 감정을 고백하거나 이 감정을 다른 사람들과 세련되게/정중히 공유하려는 상황임을 드러낸다.

이는 곧 자신이 진심으로 믿거나 느낀 감정을 전달하고자 다른 이들의 믿음이나 문화, 사고방식과 접촉해야 할 상황이 왔음을 뜻한다. 그렇기에 Nc는 자신의 감정을 전달하는 행위를 통해 다른 사람들의 감정이나 다른 분야/지역에 변화를 이끌어내어 자신이 믿거나 느낀 바를 현실에 구현하려 노력하는 사람을 통칭한다.

이런 예로 들 수 있는 직업으로 선교사가 있다. 이들은 자신이 믿는 것과 다른 것을 믿는 이들에게 신앙을 전파했으며, 그 과정에서 수많은 위험을 감수하고 자신의 신앙을 통해 다른 이들을 감화시켰기 때문이다.

그러나 Nc는 자신이 믿거나 느낀 것이 진정 옳고 그른 것인지를 명확히 판별할 수 없다는 한계를 지닌다. 이는 자신의 기반과 다른 기준을 가졌음에도 자신이 믿는 것을 상대방의 동의나 양해 없이 억지로 전달하려 하거나 분쟁을 일으키거나 자신의 품위를 스스로 실추시키기 때문이다.

또한 Nc는 자신의 감정을 다른 영역에서 재확인하거나 공인받으려는 모습을 그림을 통해 보여주고 있다. 이런 예는 특히 성배 전설로 드러나며, 자신의 감정/감수성을 충족하는 목적으로 이루어지는 관광까지 포괄할 수 있다. 이는 자아 실현이나 구도를 하고자 외부로 나서는 Nw와 차이를 보인다.

곧, Nw가 뜻하는 새로운 곳으로의 이동이 자신의 이상을 실현하려는 구도의 여정 또는 자신이 기둥으로 삼을 어떤 형이상학적 기치를 굳건히 하거나 찾아내려는 것이라면, Nc의 새로운 곳으로의 이동은 자신이 느끼거나 믿는 것이 이미 참되다는 그 나름의 확신 속에서 다른 영역으로 나아가 자신의 감정/신앙을 전파하는 것으로 구분된다.

Nc는 이런 요소 때문에 자신이 믿고 느낀 것을 전달하면서 다른 사람의 처지와 관점을 반드시 헤아릴 것을 주문하며, 이런 준비 없이 전하는 감정 때문에 자신이 생각하지 못한 반응과 부정적인 요소가 새로운 장애물로 나타날 수 있다는 점을 그림을 통해 묘사하고 있다. 나아가 자신이 믿는 것을 다른 이들에게 전달하고자 할 때 해야 할 것이 무엇인지 고려해볼 것을 강조한다.

연금술 Nc는 자신이 추구하거나 추종하는 믿음/감성을 (방황 끝에) 찾아내고, 이를 더 많은 사람에게 나누려 적극적이되 조심스레 접근하는 혼Soul의 모습을 표현한다.

이는 그림 속 배경과 함께 Pc와 대치되는 움직임(←)을 보이는 것으로 확인할 수 있다. 숲(Spirit)속에서 자신이 원하는 것을 찾아낸 감정을 다른 사람에게 전달하려는 과정을 통해 사람들이 이를 더 쉽고 편안하게 받아들일 수 있도록 가공함으로써, 자신이 믿고자 하는 것 또는 자신이 품은 신앙/감정을 확산시키는 과정을 묘사한 것이다.

그러나 이런 과정에서 스스로 얻었다고 생각한 것이 허망하거나, 실체가 없는 것이거나, 다른 사람들의 거센 저항에 부딪힐 수 있는 것일 때는 부정적인 영향을 받을 수 있으며, 끝내는 광신이나 잘못된 것을 전파하려는 허울 좋은 사람으로 전락할 수 있음을 경고한다.

카발라 카발라주의의 관점을 적용할 경우 Nc는 창조계Briah의 적자嫡子인 미의 티페레트에 대응한다.

이 아름다움은 결국 자신이 느낀 바를 더 아름답게 창조해 자신이 속한 구조 모두에 전파하거나 영향을 끼쳐 변화시킬 수 있는 존재임을 의미하며, 이를 달성하려면 어떤 방법들을 사용해야 하는지를 설명한다.

이는 곧 이 카드의 '미인美人'이라는 의미에 강력한 영향을 끼친다.

그렇기에 진정한 아름다움을 이룩한다면 Nc가 제시한 미적 기준/관념/관점이 사회 통념으로 정착되거나 거대한 유행을 불러일으키며 자신을 둘러싼 세상을 변화시킬 수 있음을 의미하나, 반대로 이 아름다움이 받아들일 수 없는 저열한 수준이거나 기존의 미적 기준/관념/관점에 대치될 때는 스스로의 위신과 위엄을 격하시키고, 끝내는 선의로 자신이 나누려 했던 모든 가치가 폄훼당할 수 있음을 경고한다.

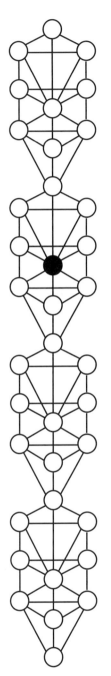

점성술 헤르메스주의의 관점을 결합해 제작한 토트 덱에서는 Nc에 게자리♋를 대응시켰으나 라이더-웨이트 덱에서는 점성술 상징을 전혀 쓰지 않은 것으로 확인된다. 이는 그림 어디에도 게자리를 상징하는 표현이 전혀 없기 때문이다.

군이 이를 억지로라도 결부시킨다면 갑옷을 통해 의미를 추적할 수 있다고 주장할 수 있으나, 그렇게 이해하기엔 다른 기사들도 갑옷을 착용하고 있다는 점에서 주장에 설득력이 없다.

점성술에 따르면 게자리는 물의 원소 가운데 활동Cardinal의 의미를 띤다. 또한 내향성, 폐쇄성, 방어적 성향을 띠는 별자리로 알려져 있으며, 그에 따른 집념을 (자신이 판단한) 내부에 적극적으로 투사하는 모습으로 표현된다.

문제는 이를 키워드와 결부해 이해한다면 연금술 관점이 더 부각되는 문제가 발생한다는 것이다. 이는 자신이 떠나는 성(자신의 기반, 지지가 남아 있는 곳)으로의 귀환을 그 뒤에 있을 Nc의 전파로 이해할 수 있으나, 직접적인 표현이 전혀 이루어지지 않고 있기에 점성술의 개입을 확언할 수 없다는 문제가 있다(이 문제 때문에 토트 덱은 그림에 게를 삽입한다).

군이 게자리의 의미를 적용한다면, Nc는 자신이 소중하게 생각하는 마음, 감정을 자신의 영역 안에 있는 이들에게 전달하는 사람임을 표현하나, 이는 거꾸로 내부 구성원들이 원치 않는 이야기들이나 Nc가 자신이 믿는 것을 왜곡하거나 강제로 전파하려 하면서 스스로의 영향력과 위신을 실추시킬 수 있다는 것을 경고한다고 이해할 수 있을 것이다.

QUEEN *of* CUPS.

(내적/외적)아름다움
Inner/Outer Beauty

여왕은 존재 자체로 왕국을 의미하는 것을 뛰어넘어 그 사회의 문화적·미적 관점이 가진 보편성을 대표하는 존재였다. 이는 구성원 안에 머무르는 존재 감이 아닌, 다른 분야나 구성원에게도 영향을 끼쳐 자신의 구성원들과 동화 시켜나가는 역량을 발휘한다. 이는 유행이나 외형에서 시작해 여왕이 스스로 임하고 관심을 기울이는 분야와 관련한 것들까지 다양하게 이루어진다.

이런 그들의 역할은 다른 사람과의 감정을 움직이기에 앞서 자신 스스로 몸담은 분야나 기반에 충실해 해당 분야의 마스코트이자 다른 구성원에게 롤 모델로 자리매김하는 등의 활약을 보이며 자신의 권위를 확보해나가는 것을 알 수 있다.

그러나 이런 여왕의 모습은 기반이나 분야와 상관없거나 믿으려는 것이 사회 통념에 어긋날 때 자신의 신실함이나 순수성을 주장할 수 없게 되거나 남들의 추종 또는 호의가 모두 사라져 버림받을 수 있음을 경고한다.

이런 여왕의 면모는 이 카드의 주 키워드인 '자신의 분야, 내면, 기반에 집중해 남을 감화시키는' 의미로 부각된다.

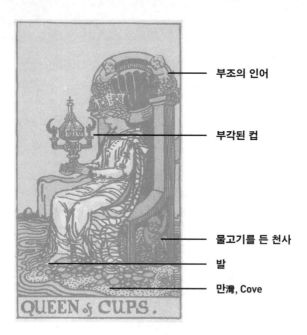

부조의 인어

부각된 컵

물고기를 든 천사

발

만灣, Cove

부조의 인어 이 인물이 스스로 접근해 마음을 주고 있는 것에 그만큼 동화되 거나, 자신의 감정을 일치시켜 지금의 기반을 형성했다는 것을 뜻한다.

부각된 컵 컵의 묘사는 영성체를 담는 컵calix의 연장선상으로 표현돼 있다. 이는 이 인물의 감정이 다른 모든 카드보다 뛰어나고 순수·순결함의 경지에 올라 있음을 뜻하며, 나아가 자신이 속하고자 하는 곳의 살아 있는 상징이자 아이콘이 된/될 만한 사람임을 뜻한다.[12]

물고기를 든 천사 무의식을 통제하는 것을 넘어 이성과 무의식을 한데 모아 자신의 결과물·업적·영향력을 확장하는 사람이라는 것을 강조한다.

발 물에 닿아 하나의 색으로 비치는 발은 이 인물이 자신의 의지/감정을 쏟 고자 하는 것에 적극적으로 몰두해 내디뎠다는 것을 뜻한다.

만灣, Cove 배경이 되는 지형은 만으로 묘사돼 있는데, 이는 이 카드가 의미 하는 행동이나 성격이 내면·내부 요소들에 기반한다는 것을 알려주며, 이 인물의 매력이나 기반이 공적으로 확실히 드러나지 않는 종류에 속한다는 것을 시사하는 장치다.

QUEEN of CUPS.(이하 Qc)는 자신이 믿거나 느끼는 것에 집중하며, 이를 더 승화시켜 남의 마음을 자연스레 움직이는 사람/분야/상황을 뜻한다.

Qc의 이런 모습들은 자신이 몸담은 분야나 상황에 대해 정서적인 공감이나 자신의 솔선수범, 헌신 등을 통해 사람들의 지지와 숭배를 이끌어내는 모습으로 드러난다. 이런 의미를 부여하고자 손에 쥔 성배를 부각시켰다. 이런 장식을 취하는 컵은 성유물 또는 영성체를 보관하는 함에 주로 사용된다.

이는 Qw와 달리 자신이 성심을 다하는 모습을 억지로 보여주거나 능동적으로 설득하는 것이 아니라, 수동적이고 헌신적인 모습으로 당대의 사람들이 미덕으로 여기는 것들의 화신과 같은 모습으로 드러나거나 이에 미치지 못하더라도 자신이 믿어 의심치 않는 것을 더 믿는 모습을 통해 사람의 감정을 움직이는 모습으로 드러난다.

Qc는 이런 방법을 통해 자신이 몸담거나 믿는 가치, 분야, 종교, 예술의 영역으로 사람들을 유입·감화시킬 수 있는 역량이 된다는 점을 강조한다.

이런 Qc의 좋은 예는 보통 상상 속에서 이루어지는 경우가 많다. 이는 어떤 집단의 모두를 만족시키거나 모두가 우러러보는 존재에 한없이 가까운 묘사가 이루어지기 때문이다. 이를 현실 세계의 인간이 모두 완벽하게 충족한 채 살아간다는 것이 그만큼 어렵다는 반증이 되기도 한다.

그렇기에 Qc는 일반적으로 '누구나 원하는' 또는 '모든 이가 보편적으로 추구하는' 미인의 모습으로 표현되거나 '흠결 없는' 성스러운 존재로 묘사하며, 현실에서 자신이 좋아하는/믿고 있는 것을 즐겁게 해내는 모습을 통해 우러나오는 아름다움을 부각시킨다.

그러나 Qc가 자신의 역할에 충실하지 못하거나 사람들의 공감을 벗어나는 행보를 보이며 그 자신이 Qc라 계속 주장하면 사람들은 썰물 빠지듯 Qc에게 주던 기대와 환상을 거둔다. 나아가 Qc 자신의 미덕이라 생각한 모든 것이 반전돼 사람들에게 지탄을 받게 되거나 스스로의 추악한 일면들이 드러날 수 있음을 경고하며, 이에 그치지 않고 기존의 지지자들이 이탈하는 것을 넘어 모독이나 비하를 일삼아대는 수준으로 전락할 수 있다는 것을 경고한다.

그렇기에 스캔들이 발생한 연예인들이 이를 극복하지 못해 은퇴하거나 전혀 다른 콘셉트로 자신의 이미지를 판매하는 상황, 또는 어떤 단체나 종교의 대표자는 아니나 그 구성원들에게 존경 또는 숭앙받는 자의 변절과 타락이 일어났을 때 사람들이 인식을 바꾸는 상황을 생각해보면, Q_c를 더 쉽게 이해할 수 있을 것이다.

Q_c는 이런 요소들 때문에, 자신이 믿고 따르는 것과 다른 이들이 원하는 것과 같은지 스스로 경계해야 하며, 아무런 진위 판별 없이 자신이 믿고 바라보려는 것만 계속 바라보다가 자신의 권위와 품위를 해칠 수 있다는 점을 경고한다. 나아가 자신이 아름답다고 여기는 것들에 더욱 깊게 빠져들려면 자신의 감정을 더 순수하게 유지해야 한다는 점을 강조한다.

연금술 Qc는 자신이 믿고자 하는 것들에 전념하고 혼Soul(내면, 감정, 신앙)에 더 집중해 자신의 영역을 넘어 공감과 감동을 더 많이 불러일으키는 모습을 표현한다.

이는 그림의 모든 묘사와 표현이 드러내는데, 특히 컵을 바라보는 시선(←)과 강화된 컵은 자신이 믿고자 하고 옳다고 여기는 것에 더 집중함으로써 역량을 강화하는 데 성공했음을 드러내고 있기 때문이다.

그렇기에 Qc는 이미 모든 사람이 바라는 공감과 이해를 스스로 완성했거나, 언제든 자신이 믿고 있는 방식을 통해 닿을 수 있는 수준에 도달했음을 뜻한다.

그러나 그것이 오로지 자신만을 향하거나 올바로 완성/강화되지 못한 믿음이라면 컵은 제 역할을 하지 못하게 되며, 스스로의 믿음 속에 갇혀 남들 속에서 고사枯死할 수 있음을 경고한다.

이는 Qc의 의미 대부분을 설명할 수 있을 정도로 강력하게 강조됐다.

카발라 카발라주의의 관점에서 Q_c는 제2계의 비나에 대응된다. 그래서 Q_c는 모든 신앙·감정 등 '없는 것을 있게 만들 수 있는' 모든 요소를 품고 이해하려 하며, 이를 하부 세피라에 탄생시킬 수 있는 단초들을 쉼 없이 창조해 전달한다.

이런 이유로 Q_c가 믿고 더 품으려는 감정과 신앙은 위대한 발출에서 온 것이기에 정결하고 그 본의를 모두 느끼게 할 수 있는 수준이어야 하며, 이를 통해 자신의 주변과 그를 넘어 세상의 모든 사람이나 다른 분야까지 공감을 얻어낼 수 있음을 묘사한다.

그러나 이해가 부족한 정수Essence로 이를 소화하려 하면 자신의 위신이 깎이고 자신을 따르던 추종자들의 변절이 뒤따를 것을 경고한다.

이는 Q_c의 의미인 '(어떤 분야를 대표하는)우상, (해당 문화/지역에서 추구하는 미적 관점을 모두 갖춘)미인'과 결부된다.

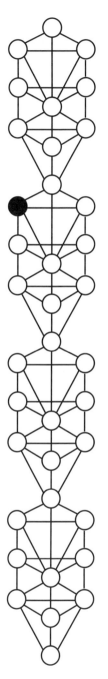

점성술 헤르메스주의의 관점에서 Qc는 물고기자리♓에 대응한다. 이는 라이더-웨이트 덱에서도 부각되는 상징이기에 큰 문제가 없는 것으로 볼 수 있으나, 정작 모든 컵 수트의 코트 카드 네 장에 출현하기에 그 근거로 제시하기에는 설득력이 없다.

점성술에서는 물고기자리의 성향을 신비로움, 모호함, 몽환적인 분위기와 함께 '존재하나 존재하지 않는 영역'인 아우라Aura, 성기체 星氣體, Astral body를 주관한다고 설명한다. 이는 이 카드의 '무형적인 감성, 신앙 등을 통해 사람들에게 영향을 주는' 의미와 어느 정도 부합한다고 할 수 있다.

이런 맥락으로 본다면 Qc는 위에서 언급한 요소를 활용해 자신의 기반과 지지층을 확보할 수 있다고 이해할 수 있으나, 반대로 다른 사람들의 무력/모함/질투 등에 노출되거나 이에 적극적으로 대응하지 못해 외면당할 수 있다는 점을 경고한다고 볼 수 있다.*

---

* 예수 그리스도는 물고기자리의 지배자이자, 자신의 백성에게 버림받고 이윽고 압제에 핍박받은 신의 아들로 표현된다.

KING *of* CUPS.

냉철, 정치(가)
Cool, Political

KING *of* CUPS.

왕은 통치하면서 자신의 의도를 간파당하거나 원하는 바를 함부로 드러내지 않아야 하며, 만약 그런 일이 벌어지면 정치에 문제가 생길 수 있다고 여겼다. 최악의 경우에는 그 때문에 국가가 위험에 빠질 수도 있기 때문이다.*

이를 막고 자신의 뜻을 왕국에 펼치고자 왕은 역설적으로 자신의 속마음을 숨기고 자신이 원하는 바를 이룰 수 있도록 다양한 방법을 동원해서 통치해왔다.

또한 자신의 기반을 장악하는 과정에서 남의 감정을 읽고 예측해 자신의 목적을 달성하며, 자연스럽게 자신이 추앙받도록 상황을 조율한다.

그 어떤 곳에서도 대표자는 본래 목적인 자신의 기반 및 영향력의 확장을 잊지 않되, 내부 결속과 지도자의 비전에 대한 공감을 동시에 충족해야 한다는 점을 카드를 통해 묘사하며, 이를 이루려면 갖추어야 할 필수 덕목으로 냉철함을 강조한다.

그리하여 이 카드는 다른 사람의 감정을 조율·조종하는 상황/인물이라는 의미가 부각된다.

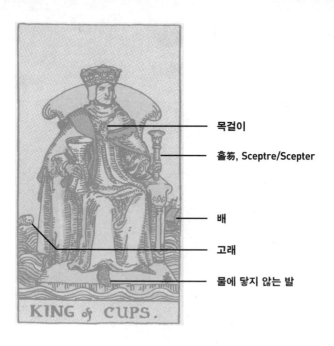

목걸이

홀笏, Sceptre/Scepter

배

고래

물에 닿지 않는 발

KING of CUPS.

* 양권揚權 편, 『한비자 I』, 한길사, 2002. 115-128쪽.

목걸이 물고기 모양의 목걸이는 감정, 신앙, 정치, 무의식을 총괄하는 이 수트와 관련된 분야의 책임자이자, 그에 걸맞는 권능을 소유한 자라는 것을 보여주는 증표다.

홀笏, Sceptre/Scepter 손에 쥔 홀은 권력과 권력에 따른 역량의 행사를 의미한다. 이 인물이 최소한 어떤 집단, 단체를 대표하는 사람이라는 점을 강조한다.[13]

배 사람들을 인솔하는 의미와 함께 다른 분야나 세계까지 영향을 미칠 수 있으며, 이를 결정하거나 실행하는 데 필요한 전권을 지닌 사람임을 드러내는 장치다. 그러나 이 과정/작업에 실패하거나 시대의 조류를 이겨내지 못할 때는 역으로 침몰할 수 있다는 점도 경고한다.

고래 수중 생물 중 가장 큰 종인 고래는 이 인물이 다른 사람들 또는 자신이 속한 분야 안에 강한 영향력을 끼친다는 것을 드러내며, 이로써 다른 사람의 감정을 요동치게 하거나 자신의 의도대로 움직이게끔 수단과 방법을 가리지 않는다는 것을 강조한다.[14]

물에 닿지 않는 발 다른 사람의 감정에 휩쓸리지 않는 것을 넘어 자기 자신의 감정을 어떤 집단/단체/분야에 매몰시키지 않고 보존해 냉철한 상태를 유지한다는 의미를 가진다.

KING *of* CUPS.(이하 Kc)는 자신의 감정·욕망을 조율해내는 데 성공하는 것에 멈추지 않고, 다른 사람들의 감정·욕망을 이용해 자신의 입지와 권위를 얻는 데 성공한 사람/상황/분야를 뜻한다.

이런 내용을 묘사하고자 Kc는 그림을 통해 다양한 관점에서 Kc의 역량을 묘사하는데, 이는 다음과 같은 세 가지 요소로 표현됐다.

1. 바다 한가운데 떠 있는 옥좌
2. 정작 물에 닿지 않고 있는 Kc의 신체
3. 파도를 일으키는 고래와 멀쩡히 항해하는 배

첫째로 Kc의 기반이 늘 유동적이고 불안정한 감정 위에 있다는 것을 묘사한다. 이는 이런 불안정한 요소 위에서도 언제나 균형을 갖춰 혼란을 예방하거나 능동적으로 상황을 이끄는 자임을 보여준다.

둘째로 이런 자신의 기반을 구성하는 감정·욕망에 휩쓸리지 않고 자신의 입장을 지키며, 이 과정에서 냉철함을 유지하고 있다는 점을 통해 Kc가 긍정적인 의미를 발현하려면 반드시 선결해야 할 조건을 그림을 통해 제시하고 있다. 특히 이 묘사는 Qc와 Kc가 해당 분야에서 어떤 입장과 관점, 행동의 차이가 벌어지는지 극명하게 보여준다.

Qc가 자신이 몸담은 분야나 믿고자 하는 바에 몰두하고 이 과정에서 생겨난 순수한 모습이나 미담을 통해 안팎으로 귀감이 돼 다른 사람들을 인도한다면, Kc는 구조적 문제나 구성원/제3자들의 욕망 또는 감정의 유동적인 흐름들을 먼저 선도하거나 읽어내서 자신의 기반에 흡수하거나 기반 내부의 요소들을 외부로 확장해나가는 것으로 이해해야 한다.

셋째의 고래와 배는 Kc가 자신의 영역(바다)에서 어떤 역량이 있는지 묘사한다. 고래를 통해 다른 이들의 감정을 충분히 격동시키는 등의 선동·선전에 능하다는 것을 드러내며, 배는 다른 사람들이나 외부 요소로 자신이 위태로워지거나 여론이 예측하기 어렵게 움직이는 상황이 오더라도 현명히 대처해 난국을 돌파해나가는 능력을 가져야 한다는 점을 강조하고 있다. 이로써 만약 Kc에게 이 두 능력이 부족할 때 생길 수 있는 문제들을 경고한다.

이런 묘사를 통해 Kc는 자신의 기반에서 절대적인 정치력을 지닌다. 이는 기반 안의 갈등이나 문제를 조율해 잡음을 일으키지 않거나 여론의 향방을 능동적이되 표면에 드러나지 않도록 주도해 스스로 원하는 바를 달성하며, 이 과정을 거치면서 다양한 정치적 방법들에 익숙해질 수밖에 없기 때문이다.

그렇기에 Kc가 긍정적으로 발현될 때 Kc는 뛰어난 정치 협상가의 면모를 보이며, 분쟁 자체가 불거지기 전에 이를 모두 해결하거나 문제가 될 수 있는 요소들을 사전에 제거해 사람들이 자발적으로 집단의 대표자로 추대하게 만드는 등의 방식을 통해 자신의 권위와 기반을 얻는다.

반면, Kc의 부정적인 면모가 부각되면 자신의 입지를 이용해 다른 사람들을 탄압하거나 부족한 시야/능력/기반을 감추려 감언이설을 늘어놓거나 여론을 호도하는 등의 방식을 취해 모두가 공유해야 할 가치를 스스로 망치는 모습으로 전락하게 된다. 최악의 경우 자신을 지지하는 자들의 손으로 옥좌에서 끌어 내려지는 비참함을 맛본다.

이런 Kc의 긍정/부정적 측면은 Kc로 묘사될 수 있는 이들이 어떤 실체적인 기반에 의지하지 못한다는 점(종교, 예술, 정치 등)에서 비롯하는 문제이며, 해당 분야의 대표자들이 흔히 범하는 실수다.

Kc는 그렇기에 다른 사람들이 추종하거나 얻고자 하는 유·무형적인 것들이 자신이 얻고자 하는 바와 어떻게 같거나 다른지 그 접점을 간파해 더 많은 이에게 자신이 원하는 바가 가진 공감대를 설파해내는 과정에서 더 냉철해지되, 많은 이를 포용할 수 있도록 도량을 만들어둘 것을 조언한다. 물은 적게 모이면 쓸모없으며, 끊임없이 모여야만 진정한 힘을 발휘할 수 있기 때문이다.

연금술 물의 정점에 도달한 Kc는 자신의 감성, 마음을 담은 혼Soul의 항상성을 유지하고 더 넓은 영역으로 이를 확산시키는 데 주력하는 수준에 도달했음을 표현하고 있다.

이로써 Kc가 더 굳건히 기반을 장악하려면 많게는 모두의, 적게는 과반 이상의 공감을 항시 확보하고 신앙/감정/예술적인 요소들로 더 많은 사람을 통제할 수 있다는 것을 시선의 방향(→)을 통해 강조한다.

그러나 자신에 대한 지지와 공감을 잃어버리거나 간직해왔던 혼Soul을 담아내는 핵심 가치를 망각한 채 기교에 치중하면, 혼의 본질을 잃어버리고 허례허식만 남거나 그 영향력이 잔기술 수준으로 몰락할 수 있다는 점을 경고한다.

그렇기에 Kc는 자신이 확장하려 했던 혼의 핵심 가치를 잊지 않고 이를 어떻게, 왜 더 많은 사람이 공감해야 하는지 보여주거나 증명할 수 있어야 한다. 나아가 그 과정에서 틀림이 아닌 다름을 어떻게 포용해 자신의 그릇을 더 크게 만들 수 있을지 고민해야 한다는 것을 묘사한다.

카발라 카발라주의의 관점에서 Kc는 창조계의 호크마에 대응한다.

이를 통해 Kc는 창조가 이루어지는 순간 이미 그 피조물이 어떻게 구성되거나 배치되고, 그로 인해 그 주변과 세상에 어떤 변수가 발생할 것인지 이미 인지하고 이 파장을 하부 세피라들에게 알림으로써 영향력을 발휘할 수 있는 수준임을 강조한다.

그렇기에 Kc는 사람의 감정, 신앙과 관련한 모든 요소들을 의도적으로 재구성/재설계하며 이를 통해 자신이 원하는 대로 상황/판도를 조정할 수 있는 수준의 역량을 갖춘 사람임을 의미한다.

그러나 이를 뒷받침할 지지 세력이나 전체 상황을 조율할 수 있는 수준의 역량을 갖추지 못한다면 Kc가 구상한 모든 계획은 어그러지며, 그의 의도와 실체가 모두에게 드러나 사람들의 감정을 상하게 하거나 지지를 거두게 만들 수 있는데, 이런 상황에서는 평판과 권위가 실추될 수 있음을 경고한다.

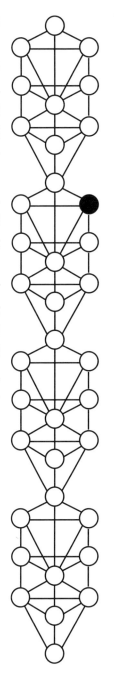

점성술 점성술을 타로카드와 접목하려는 이들은 물의 원소를 담당하는 세 별자리 가운데 안정적이고 고정적인 성향을 띤다고 평가받는 전갈자리♏를 Kc에 대응시킨다.

자신의 감성/감정을 드러내지 않으며 이를 응축해 한 번에 상황을 뒤엎는 방식으로 자신의 기반을 형성하거나 남의 감정을 교묘하게 이용해 원하는 바를 달성하는 성향을 보인다고 설명하는데, 이는 Kc의 의미와도 닿아 있다. 실제로 Kc의 키워드에 속하는 '냉철, 감정적으로 흔들리지 않음' 등의 의미가 이와 비슷하기 때문이다.

물론 반대로 쓸데없는 비밀주의, 냉철하나 행동력이 따르지 못해 공감과 지지를 잃어버리는 상황으로 악화될 수 있다는 점 또한 Kc의 부정적인 의미와 비슷한 점이 많다고 여겨지며, 이를 더 적극적으로 적용해 해석을 더 깊이 있게 할 수 있다고 생각하는 경향이 있다.

그러나 이런 해석들과 달리 그림 속에서 보여지는 점성술 상징은 없다는 점에서 라이더-웨이트 덱의 코트 카드에 점성술의 영향이 미치지 않았다는 점을 확인할 수 있다.

PAGE *of* SWORDS.

정찰
Scout

PAGE of SWORDS.

첨병/초병은 다른 세력/군대/기반의 동태를 감시하거나 안팎의 불온한 움직임을 살피는 역할을 맡았다.

이들은 평시에는 단순한 정찰, 감시 역에 불과하나 전시에는 그 모든 지휘관이 가장 심혈을 기울이는 분야로 자리매김한다.*

그렇기에 그 어떤 군대라도 첨병/초병이 담당하는 역할들은 해당 인원이 실책을 저지르거나 월권 또는 기만을 저질렀을 때 더 엄하게 이를 처벌한다. 이는 첨병/초병의 자의적 판단으로 발생하는 거대한 문제들**을 경계하려 하는 것이고, 이들의 역량이 쉽게 남을 해할 수 있다는 점을 책임자들이 인지하고 있기 때문이다.

이는 카드의 주 키워드인 '기회를 노리며 주변을 살피다, 기회를 노리다'라는 의미와 연결된다.

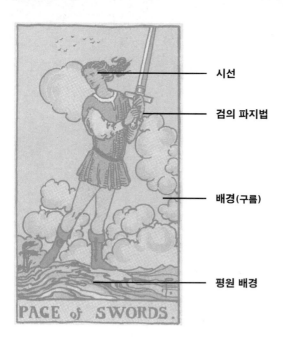

시선

검의 파지법

배경(구름)

평원 배경

PAGE of SWORDS.

* 군사작전에서 경계 근무와 작전은 (절대 명제인)보급과 장비를 뒤이어 가장 중요한 요소로 여기며, 경계와 정찰을 등한시하는 지휘관은 자격이 없다고 여긴다.

** 제2차 세계대전의 중일전쟁은 단순 근무지 이탈에 불과한 사건을 일제가 빌미 삼아 침략한 사건이다.

예영준, 〈노구교 사건〉, 《중앙일보》, 2007년 7월 18일 자.

http://news.joins.com/article/2785727

시선 검을 마주 보고 있지 않은 시선은 외부를 경계하는 모습을 표현하며, 동시에 이 인물이 자신의 분야나 본업, 본분에 집중하지 않고 있다는 점을 의미한다.

검의 파지법 기본적으로 검 수트에 표현되는 모든 검은 일반적인 장검Long Sword이다. 이 검은 전투 상황이 아니거나 그에 따른 용력勇力을 보유하고 있지 않는 한 양손으로 쥐는 경우는 드물었으며, 전투 상황이더라도 검만 쓸 수밖에 없을 정도의 결전 상황, 결투 또는 절체절명의 상황에서나 쓰였다. 이런 상황이 아님에도 어설프게 양손으로 잡고 있는 묘사는 그림 속 인물의 실제 실력이 그리 탁월한 수준이 아니며, 자기 자신조차 제대로 통제, 활용하지 못하는 수준에 그친다는 점을 강조한다.

배경(구름) 구름은 점차 상승기류를 타기 시작한 뭉게구름으로 묘사됐다. 이는 이 수트가 의미하는 분야나 추구하는 가치들을 이 인물이 갓 생성하거나 익히기 시작한 단계에 머무르고 있다는 점을 표현한다.

평원 배경 비교적 고지에 올라서 있는 묘사를 통해 주변을 살피고 있다는 점을 부각했다. 이는 자신의 분야에서 다른 사람들보다 조금 더 낫고 발전된 수준이라는 데 그친다는 점을 강조한다.

PAGE *of* SWORDS.(이하 Ps)는 자신의 역량이 불완전해도 주변을 살펴 기회를 엿보거나 자신의 역량을 발휘하려는 상황/인물/분야를 의미한다.

Ps의 역량 부족은 그림에서 명확히 드러난다. 자신의 분야와 역량 (검)에 의지해 나아가야 함에도 자신이 가진 바를 제대로 이해하거나 마주하지 못하고(시선) 있으며, 그럼에도 자신의 역량을 이용해 목적을 달성하려 애쓰는 모습을 확인할 수 있다.

| Ps | Ns | Qs | Ks |

다른 검 수트의 코트 카드들은 한손으로 검을 쥐고 있는 모습을 확인할 수 있다.

| Pw | Pc | Ps | Pp |

다른 종자PAGE들은 모두 자신의 수트 또는 그것이 있는 방향을 바라보고 있다.

이런 Ps의 문제는 결국 자신이 속한 분야에 대해 숙달하지 못해서 벌어진 것이다. 나아가 이런 기회주의적인 면모가 밖으로 드러나면 많은 문제를 일으킨다.

이 중 특히 주목해야 하는 부분은 아이들의 전신앙前信仰적 잔인성이다. 흔히 곤충의 팔다리를 해하며 즐거워하는 아이들의 모습을 관찰할 수 있는데, 이런 잔혹한 행위는 교육과 사회 집단의 윤리 방침으로 교정·개선되나 이를 역으로 아이들에게 권장하고 부추겨 즐거운 것으로 교육하면 강력 범죄를 즐겁게 저지르도록 조작할 수 있는 문제가 발생할 가능성도 있다.

이는 Ps의 부정적 의미가 부각될 때 돌이킬 수 없는 문제로 비화되거나 사람들의 비난에 부딪힐 수 있다는 점을 시사한다.*

또한 자신의 역량을 가늠하지 못하는 Ps는 기회주의적인 면모를 보인다. 이는 평원이라는 지형적 특성에 기인한다. 사방이 트여 있기에 교류와 분쟁이 잦아짐을 뜻하며, 이를 틈타 자신의 잔기술을 이용해 남에게 위해를 가하더라도 본 목적을 달성하려 한다는 점을 강조하기 때문이다.**

이는 대부분의 완성도 높은 타로카드들이 동일한 묘사와 의미를 구성하고 있다. 이런 기회주의적인 면모를 드러내는 대표적인 사례가 중세 전장의 풍경 중 하나다. 전쟁이 끝나면 승자는 각자 포상을 베풀거나 치하하며 포로와 시신을 수습하는데, 이 어수선한 분위기를 틈타 시체의 무구를 탈취해 장물로 되파는 모습을 예로 들 수 있다.***

이처럼 기회주의적인 면모는 반인륜적 문제들과도 관련이 있다.

---

* 이 과정은 세뇌洗腦 과정에서 특히 부각되며, 세계적으로 미성년자의 노동과 소년병 제도를 강력히 규제하는 이유이기도 하다.

** 대부분의 평야·평원지대는 개활지로 교통의 요지가 되거나 반대로 근방을 아우르는 요충지로 자리매김했기에 패권을 다투는 주요 전장이 됐다(예: 리옹, 퀼른 등).

*** 로 스카라베오Lo Scarbeo社의 뉴 비전New Vision 덱은 라이더-웨이트 덱의 그림을 뒤집어 표현했는데, 이 덱의 Ps는 언덕 뒤에 해골을 배치해 이곳이 평온한 곳이 아니라 삶과 죽음을 가를 수도 있는 곳임을 드러내며, 동시에 Ps가 이런 위험 요소를 제대로 인식하지 못하고 있다는 점을 표현했다.
피에르 미켈, 피에르 프로브스트, 『컬러 일러스트레이션 세계 생활사 11, 중세의 도시 생활』, 동아출판사, 1987, 50-51쪽.

비민주적인 폭거나 탄압에 자신의 폭력성을 발산해 피해자를 억압하거나 사회 시스템이 제대로 구축되지 않은 것을 틈타 약자를 갈취하는 행태도 Ps의 의미에 포함된다.

그러나 이런 기회주의적 발상엔 긍정적인 면도 있다. Ps는 체계적·기술적 문제가 생기거나 이상을 감지해 자신이 속한 기반의 모두를 구해내거나 외부의 불온한 개입을 사전에 차단하는 모습을 보여주기도 하며, 나아가 다른 미개척지나 시스템이 존재하지 않는 분야를 사전에 답사해 자신의 일신을 도모하는 활약을 펼칠 수도 있다.

이런 Ps의 계산적인 행동은 그 깊이가 얕다는 점에서 쉽게 간파할 수 있다는 단점이 있다. 그렇기에 조언할 때 이 카드는 그림을 통해 단순히 이득만 계산하지 말고 더 많은 가치를 수렴해나가도록 주문해야 하며, 나아가 다른 사람이나 밖으로 시선을 돌리기에 앞서 자기 자신이 가진 것에 어떤 의미와 가치가 있는지 냉정하게 평가해보도록 조언해야 한다.

연금술 Ps~Ks는 완드의 영적 상승 욕구를 더욱 다양하고 많은 사람이 활용할 수 있도록 교범화/규격화한 실체, 공식을 가진 것을 통칭한다.

성Spirit에서 숲Soul으로 향한 시선(←)을 통해 Ps는 Pw와 반대로 자신이 무엇을 믿고 추종하는지는 모르지만 자신이 이용하는 지식(완드의 잔재 또는 응용품)을 다루며, 이 과정에서 호기심이 발동해 그 원류가 되는 숲을 살피려는 모습으로 표현됐다.

그러나 그 과정에서 발생하는 남용/오용/겉핥기는 자기 자신과 다른 사람들을 늘 위협할 수 있으나 Ps는 이를 잘 모르며, 설령 안다고 해도 이를 강제로 제재하지 않는 한 자신의 호기심이나 재미를 앞세운 채로 실행함으로써 지탄받을 수 있음을 경고한다.

이런 연금술 의미는 Ps의 주 의미인 '호기심, 기회주의(자)'로 연결된다.

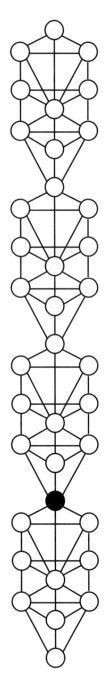

카발라 Ps는 제3계(형성계, Yetsirah)의 말쿠트에 배정된다.

제3계는 신의 무력인 천사 군단이 거하고 있다고 알려져 있으며, 창조계에 거하는 메타트론의 지휘를 받고 있다고 여겨진다(이 때문에 검 수트의 기본 의미인 '무력, 군대' 등의 의미에 영향을 끼친다).

이 구조의 최하단에 이르러 남은 불순물들이 물질계를 형성하게 된다.

그렇기에 Ps는 자신이 필요한 것을 취하고 나머지를 버려 유용한 것을 습득할 수밖에 없으며, 이로써 상위 구조로 접근해야 한다는 것을 조언한다. 반대로, 물질에 대한 집착이나 더 큰 욕심을 부리면 쉽게 몰락할 수 있다는 것도 경고한다.

점성술 검 수트의 코트 카드(Ps~Ks)는 전체 코트 카드 16장 가운데 컵 수트(Pc~Kc)와 더불어 점성술적 의미가 그림을 통해 전혀 부각되지 않는다.

점성술을 타로카드에 대응시키고자 하는 이들은 이 카드를 가공되지 않은 공기의 원소Source로 여긴다. 그렇기에 공기의 원소를 담당하는 쌍둥이자리, 천칭자리, 물병자리의 성향을 모두 잠재적으로 지니고 있다고 이해한다.

더 기민한 움직임으로 자신의 호기심이나 원하는 지식/기법을 습득하며(쌍둥이자리Ⅱ), 어느 한쪽에 치우치지 않으려 하며, 이로써 가장 뛰어난(아름다운) 결과를 얻고자 하는 성향(천칭자리♎)을 띠며, 동시에 이를 다른 이들과 공유하거나 자신만의 영역으로 특화해나가는(물병자리♒) 모습을 간직한다고 판단하는 경향이 있다.

나아가 Ps의 주변에 대한 경계, 기회를 틈타 원하는 것을 이루려는 것과 일정 부분 비슷하다고 생각할 수 있다. 반대로 이런 잠재력을 제대로 발휘할 수 없기에 제대로 살피지도 않고 어설프게 익힌 지식으로 남을 기만하려 들거나 제대로 된 기준을 세우지 못해 극단적인 행동을 취하고, 근시안적이고 맹목적인 행동으로 문제를 일으키며, 자신의 생각/지식이 일반적이라고 착각해 잘못된 정보를 더 확산시키거나 그 힘을 빌려 잘못된 방식을 남에게 강요하는 모습으로 악화될 수 있다고 여긴다.

이는 곧 Ps의 부정적인 의미들과 사뭇 닮은 부분이 있기에 무난히 받아들여지고 있다.

KNIGHT *of* SWORDS.

극단적, 지행합일
Radical, Avant-garde

등자의 발견 이후, 기사騎士는 역사상 손에 꼽는 무력 집단으로 기록됐다. 기병의 돌격력과 파괴력은 중세 전장을 공포로 몰들였고, 이 무력을 유지하기 위한 기반을 영주와 국왕에게 보장받으면서 그들에게 충성을 바치는 봉건제도를 통해 서양 중세 역사 전반을 향유했다.

그렇기에 이들은 자신의 무력을 유지하고 향상시키는 데 집중해왔으며, 전투에서 결정적인 순간에 등장하는 전력이었다.

자신들의 무력 보존을 위해 장비들을 개발해나갔으나, 기사 집단의 무력만으로 항거할 수 없는 기술이 등장하자 이들은 빠른 속도로 몰락해갔으며, 냉병기의 시대가 저물기 시작하자 이들은 자신들의 무력을 유지하기 위한 변화를 받아들였다. 비록 기사의 명칭은 점차 명예뿐인 호칭으로 전락해갔으나, 그들의 용맹과 전투력을 대신하고자 하는 열의들은 꾸준히 뒤를 이어왔다.*

이런 기사의 면모는 이 카드의 주 키워드인 '(자신이 속한 시스템에 대한)지행합일知行合一'로 연결된다.

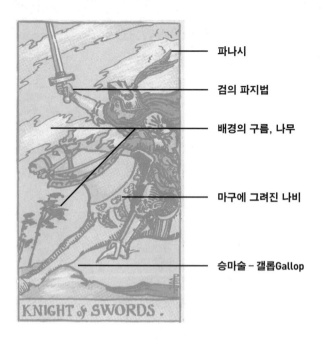

파나시

검의 파지법

배경의 구름, 나무

마구에 그려진 나비

승마술 – 갤롭Gallop

KNIGHT of SWORDS.

---

[*] 고대 경기병에서 시작한 기사 집단은 이후에 퀴라시에Cuirassier와 용기병 Dragoon들로 이어졌으며, 나아가 탱크와 헬리콥터, 전투기들로 계속 그 입지를 남다르게 두려 노력하고 있다. 이런 행위는 '아군 또는 자신의 목적, 행보를 막는 이들에 대한 물리적이고 확고한 돌파력을 확보'하기 위한 미명하에 현재도, 앞으로도 계속될 것이다.

파나시 붉은색은 타로카드 체계상 완드 수트와 밀접한 관계를 가지는데, 이 카드에서 그려진 붉은 날개 파나시는 이 기사가 자신의 영적 목표나 성취를 위해 이와 같이 돌진하고 있다는 점을 스스로 인지하고 다른 사람에게 드러내고자 하고 있음을 뜻한다.

검의 파지법 기사는 자신의 검을 앞으로 향하고 있는데, 이는 자기 자신의 의도/의지와 달리 그저 특정 시스템과 지식, 기준이 우선하고 있다는 점을 지적하며, 이에 따른 문제나 모순점에 대해 그림 속 인물이 이를 미처 고민하고 있지 못한다는 점을 강조한다.

배경의 구름, 나무 형체를 갖추지도 못할 정도의 움직임을 묘사해 이 인물이 (자신의 분야와 관련된) 주변에 미치는 영향력이 크다는 점을 강조한다.

마구에 그려진 나비 나비는 변환Transformation을 의미하며, 이는 곧 자신의 이런 행위를 통해 스스로 배운 지식/기술/법칙이 세상에 현실화되기를 염원하는 것과 함께 이를 통해 자신의 기반을 더 공고히 해두려는 의도가 있음을 뜻한다.

승마술 – 갤롭Gallop 기사들이 중무장한 채 말을 전력으로 질주하는 상황은 (토너먼트 및 위급 상황을 제외하면) 전투의 대세를 결정할 때만 벌어진다.*

---

* 이로써 급진적이고 앞을 막는 모든 것을 분쇄할 정도의 파괴력을 갖춘 사람임을 드러낸다.
필리페 브로샤르, 파트리스 펠르랭, 『컬러 일러스트레이션 세계 생활사 12, 중세의 성과 기사』, 동아출판사, 1987, 46-47쪽.

KNIGHT *of* SWORDS.(이하 Ns)는 자신이 알고 있거나 속한 체제, 분야, 직책, 책임, 의무 등을 아는 그대로 신속하고 과감하게 이행하는 상황/사람/행위를 의미한다.

코트 카드 16장 가운데 가장 역동적으로 표현된 이 카드는 자신이 알고 행하는 것이 어떤 것인지 알고 있는 자들의 실행력과 과단성이 어느 정도인지 뚜렷하게 묘사했으며, 그렇기에 많은 이들이 그림을 통해 쉽게 의미를 받아들이는 카드 중 하나다.

나아가 자신이 알고 있는 규칙이나 방식에 저해하는 것들에 대해 얼마든지 무자비한 조치를 할 수 있다는 것을 드러내며, 이로 하여금 Ns에 해당하는 상황/인물이 매우 급진적인 행동 양태를 띨 수 있음을 그림으로 묘사하고 있다.

Ns는 자신이 알고 있는 것들을 실행하면서 방해나 문제가 되는 것이 있다면 이를 자신의 논리와 지식과 기술로 극복하며, 극단적인 경우 이를 강세로 물리치려 하거나 물리력을 동반한 실력 행사를 통해 장애가 되는 상황 자체를 강행 돌파해내는 모습으로 묘사되기 때문이다.

이는 다른 기사들과 달리 Ns만이 전속력으로 말을 질주하는 상태 Gallop로 그려진 것을 통해 알 수 있다. 기사의 돌격은 보편적으로 전쟁의 승패를 판가름하고자 할 때 행해지며, 이런 모습 때문에 이 카드의 의미에서 큰 비중을 차지하는 지행합일知行合一이 부각된다.

그러나 이런 Ns의 급진적·극단적인 면모는 자칫 잘못 사용되거나 남의 상황을 고려하지 않고 이루려 하면 돌이킬 수 없는 명예의 실추와 자기부정으로 치닫는다. 이는 Ns의 파괴력이 자신을 향할 수 있다는 점을 경고하기 때문이다.*

이는 자신이 아는 것을 강행하는 과정 속에서 발생하는 이율배반적인 행위나 자신이 알고 있는 지식, 시스템의 모순과 마주하게 될 때 극심해지며,** 이 문제를 무시할수록 자신의 지지 기반이나 추종

---

* 이를 잘못 운영해 벌어진 졸전이 백년전쟁 중 발생한 푸아티에·크레시·아쟁쿠르 전투다. 이 전투 때문에 기사 계급의 권위는 크게 실추된다.

** 현대에도 극단적인 주장을 하던 이들이 정작 자신이 주장하던 것과 반대되

자들이 이탈하며 내부에 충격을 가하기 시작하며 Ns의 역량을 점차 소모해버리는 상황으로 악화된다. 나아가 자신이 하려 했던 본래의 뜻과 완전히 다른 방향으로 나아가게 되며, 그 과정에서 많은 문제와 남에게 피해를 끼칠 수 있다는 점을 주의해야 한다.

Ns는 이런 요소 때문에 자신이 진리라고 생각하는 시스템과 지식들이 순수하고 완벽히 구현되려면 우선적으로 배제돼야 할 것들을 고려해보도록 주문한다. 이 과정에서 자신의 역량을 뛰어넘으려는 만용을 배제하고, 스스로 알고 있는 것들을 사소한 것에 적용해 세상을 둘러싼 문제들을 혁파해나가야 하며, 그 과정에서 자신이 알고 있는 진리, 체계, 시스템의 원리나 구조에 맞춰 자신이 행동하고 있는지 항시 점검할 것을 강조한다.

는 세력/정파에 가담/형성하는 경우를 들 수 있다. 이를 잘 보여주는 사례가 이재오 전 국회의원과 김문수 전 경기도지사다. 이들을 빼고는 군부독재정권 시기 학생 운동권을 설명하는 것이 어려울 정도였으나, 비교적 최근까지 보수 정파와 뜻을 같이하고 있다.

연금술 Ns는 자신이 다루고 익히려는 의지를 발현해 급속도로 자신이 원하는 바를 달성하려 하는 영Spirit의 모습을 표현한다.

순수하게 자신만의 의지와 목표를 얻고자 성을 떠나거나 방황을 시작하는 Nw와 달리, Ns는 자신이 원하는 것이 있다고 여기는 곳에 빠르게 다가가 그 목적에 맞는 것을 취하려 한다.

그렇기에 그림에서도 표현됐듯 추구하고자 하는 지점에 이르는 과정 동안 장애물이 되거나 필요 없다고 여기는 것들을 모두 버리고, 가장 적합하고 논리적인 해답을 찾아 빠르게 나아간다.

그러나 이런 과정 속에서 목적을 위해 수단을 가리지 않거나 지식을 우선해(열화된 영Spirit) 인성(본래 간직했던 순수한 혼Soul)을 저버리는 결과로 나아갈 수 있다는 점을 경고한다.

이는 Ns의 '급진적이고 저돌적'이라는 의미의 형성과 깊이 관련돼 있다.

카발라 카발라주의가 적용된 구조에서 Ns는 형성계Yetsirah의 적자嫡子이자 가장 아름다운 모습을 한 미의 티페레트에 대응된다.

이 아름다움은 공학적·기계적 수준으로 계산된 미적 관점이며, 그렇기에 다른 사람들의 관점과 무관하게 강제되는 모습으로 표현되는데, Ns의 그림 속 표현도 지식적·이성적 측면이 강화될 때 생기는 효과/부작용을 그림으로도 확인할 수 있다.

원형이 되는 정밀하고 철저한 형체를 형성하기를 원한 두 존재(비나, 호크마)의 장단점이 공존하며, 이를 모든 요소에 적용해 모두가 가질 수 있는 의문을 없애려 들거나, 세상 모든 것에 펼쳐진 공식과도 같은 법칙들이 확고부동한 것임을 의심할 필요가 없는 수준까지 상승하려는 의지Spirit를 품고 있다고 이해한다.

반대로 원류에 접근하는 과정에서 수단을 가리지 않거나 원류의 궁극적인 모습과 반대되는 행위를 저지를 수 있을 것이라는 경각심이 없다면, 스스로 아름답다고 여기는 것을 이용해 추악한 일들을 일으켜 아름다웠던 것들과 함께 격하될 수 있거나, 나아가 스스로를 부정하는 수준에 다다를 수 있다는 점을 경고한다.

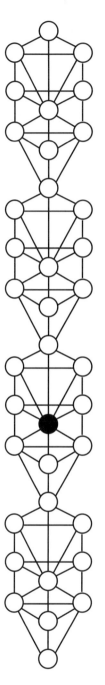

점성술 헤르메스주의의 관점이 결합된 토트 덱은 위치가 변경돼 있으나, 다른 KNIGHT 카드들과 같이 도상은 유지돼 있다.

이 카드에 배정된 별자리는 공기의 세 별자리 가운데 임기응변에 능하고 적응력이 강하다고 이해하는Mutable 쌍둥이자리Ⅱ로, 호기심에 따라 기민한 움직임을 보이며, 이를 통해 지식을 능동적으로 습득한다고 설명하고 있다. 나아가 이렇게 습득한 지식을 비교·검토하고 재분리하는 과정을 통해 스스로를 발전시키거나 다른 사람들에게 긍정적인 영향을 끼친다.

그러나 이 과정에서 부정적인 관점이나 편견, 나아가 편중된 관심들은 잘못된 요약이나 겉핥기에 불과하게 되거나 그저 상황을 면피하기 위한 핑계로 악화될 수 있으며, 자가당착에 빠져 자신이 무엇을 말하는지조차 모르는 채 시간을 허비할 수 있음을 경고한다.

라이더-웨이트 덱의 경우 쌍둥이자리의 의미를 부각시키는 그림 속 상징은 전혀 없으며, 점성술 요소의 개입이 이루어지지 않았음을 확인할 수 있다.

QUEEN *of* SWORDS.

후회
Regret

여왕은 자신의 왕권이나 기반을 강화하기 위해 스스로의 감정이나 욕망을 희생해야 했다. 이는 유럽 대부분의 왕가들이 지켜왔던 살리카 법*에 따라 더욱 강요될 수밖에 없었다.

나아가 이는 어떤 시스템/기반을 유지하려면 해야 하는 일들이 있으며, 이 과정에서 여왕에 해당하는 이들이 자신의 감정이나 욕망을 절제하거나 억눌러야 할 수밖에 없는 상황이 있다는 것을 강조한다.

그렇기에 이 그림에 표현된 여왕의 역할은 각자가 자리한 기반과 이를 움직이는 논리 또는 규칙을 심사, 집행하며 그 외의 사리사욕이나 감정을 구분해내야만 하는 분야들에 집중돼 있다.**

그러나 이 과정에서 이들을 이해해주지 못하거나 되레 자신의 조치에 반발하는 이들에게 여왕과 같은 이는 공적 제제를 가할 수밖에 없으며, 이런 과정 속에 발생하는 잡음 때문에 옳은 일을 하면서도 과소평가되거나 지탄받아 자신이 속한 기반에서 축출당할 수 있다는 점을 경고한다.

이런 여왕의 면모는 이 카드의 주 키워드인 '(시스템/기반을 유지하며 벌어지는)결핍, 감리, 과부/홀아비' 등의 의미로 부각된다.

시선

손

배경(구름)

옥좌의 부조(천사)

QUEEN of SWORDS.

* 프랑크왕국의 메로빙거왕조 법전에서 유래한 이 법은 당시 프랑크왕국의 주
종족이었던 살리어족의 관습법에서 유래했다. 정작 만들어진 지 100년이 채
되지 않아 사문화됐으나 14세기 초 프랑스 카페왕조의 후사 문제를 이용해
즉위하려 한 당시 섭정 필리프 5세가 이를 확대 해석해 모계를 통한 왕위 계승
을 막았다. 이 여파로 백년전쟁 및 오스트리아 왕위 계승 전쟁이 발발하는 등,
의도와 달리 왕권을 실추시키며 왕위 상속의 투명성이 저해됐다.

** 감사, 보안 등 내부 단속과 관련된 분야나 기반, 시스템을 지키려 사람들의
불만을 억누를 수밖에 없는 방식들을 말한다(예: 징병제).

시선 자신이 쥔 검을 응시하고 있으며, 이를 자신의 의도대로 또는 적법하게 쓰고자 통제할 수 있는 사람임을 드러낸다.

손 그림 속 인물이 자신의 역량, 기술, 기반을 남에게 권하거나 선포, 전달, 지시하는 상황임을 표현한다.

배경(구름) 수평선에 걸쳐 뭉게뭉게 피어오르는 듯한 묘사를 통해 더 높은 수준을 추구하는 것이 아니라 더 보편적인 규칙과 원리를 사람들에게 교육, 강제하는 방식에 자신의 역량을 기울이고 있는 사람/상황임을 묘사한다.

옥좌의 부조(천사) 이 부조의 모티프는 우피치박물관에 소장된 조반니 벨리니Giovanni Bellini의 〈성스러운 알레고리Holy Allegory〉[15]의 묘사를 그대로 답습한 것이며, 본래는 아폴론에 대항했던 마르시아스의 신화*를 묘사하며 자의/타의적인 희생이 따라야 기반을 형성할 수 있으리라는 점을 강조했다. 이 카드에서는 성인成人의 묘사를 아이로 바꾸어둔 것으로, 큰 의미 변화가 이루어졌다.

---

* 다만 이 신화의 교훈은 이후 성 세바스티아노Sanctus Sebastianus(256~288)의 교훈과 동일하다고 여겨졌으며, 실제 위 그림에서도 같이 등장한다. 마틸데 바티스티니, 『상징과 비밀, 그림으로 읽기』, 예경, 2009.

QUEEN of SWORDS.(이하 Qs)는 자신의 기반이나 지식 또는 시스템을 관리하며, 이 과정에서 생기는 감정/정신적인 문제들을 희생하거나 감내하는 사람/분야/상황을 뜻한다.

Qs의 이런 모습은 주로 스스로 자리한 곳에 정해진 규칙이나 기준을 구성원들에게 적용하고 심사하며, 이를 위반한 이들을 관리·감독하는 모습으로 드러난다. 이런 의미를 부여하고자 제작자는 여왕의 시선을 그녀의 검에 집중시켰다. 이는 Ps, Ns의는 모습과 대조되며, Qs가 의미하는 수준부터 각자의 분야에 대한 지식이나 이해도가 전과는 확연히 다르다는 점을 본격적으로 그림을 통해 묘사한 것이다.

Ps   Ns   Qs   Ks
(검을 제대로 응시하지 못하거나, 관찰하지 않음)   (검을 직시하며 조심히/여유롭게 편히 다룸)

이는 곧 Qs가 자신의 권한과 역량이 잘못 사용될 때 생길 수 있는 문제를 충분히 알고 있기에, 자신이 속한 기반의 내부자들에게 감정적인 마찰이 일어나더라도 무시하고 공적으로 집행할 수 있는 사람/분야/상황임을 강조한다.

나아가 이 과정을 행함으로써 지식적 가치와 시스템의 공정함 또는 정밀함이 유지·개선될 수 있다고 여기며, 이를 위해 사소한 감정이나 허례허식을 없애는 데 매진할 것임을 그림에서 묘사하고 있다.

다만 이 과정에서 Qs가 희생하는 것들을 다른 사람들은 모를 수 있으나, 그 자신에게는 큰 의미를 가진 것들을 희생할 수밖에 없다는 점을 그림에서 강조한다. 옥좌에 새겨진 아기 천사 부조는 Qs가 희생한 것이 자신이 창조해낼 수 있었고 결실을 맺으려 했던 결과물이나 그에 준하는 것을 스스로 희생했고, 이 기반/지위에 올라선 지금 이 순간에도 이를 감내하고 있다는 점을 드러내고자 기존에는 청년/성인으로 묘사된 것을 아이*로 바꾸었기 때문이다.

이런 묘사 때문에 이 카드는 커리어 우먼, 과부/홀아비, 노총각/처녀 등의 의미를 지닌다. 단, 이는 어디가나 자신의 지식/기술/역량 등을 유지하려면 살아가면서 당연히 해야 한다고 여겨졌던 과정들(예: 출산, 결혼, 관혼상제 등)을 포기한 이들에 국한된다는 점에 주의해야 한다.

이런 Qs의 좋은 예들은 어떤 조직 체계나 지식의 (긍정적인 의미로서의)권위를 수호하려는 때에 발현된다. 이는 Qs의 처지와 기반이 평소에 부각되지 않고 비상시에 자신의 역할을 원활하게 수행할 때에야 부각되기 때문이다.

그렇기에 Qs는 일반적으로 내부에서는 공포의 대상이거나 경원시되는 등 감정적인 마찰에 시달릴 수 있으나, 외부에서는 이를 전혀 인지하지 못하거나 평범하게 바라볼 때가 많다.**

그러나 Qs가 자신의 역할에 충실하지 못하고 편협해지거나 자신이 속한 시스템을 정면으로 위배하는 행위를 하며 자신의 입지를 억지로 강화하려 하면, 자신의 영향력 바깥의 존재들이나 내부 분열로 인해 기반 전체가 무너지거나 구성원들에게 외면당하는 수준으로 전락할 수 있음을 그림을 통해 경고한다.

---

* 임상훈·황민우, 『타로카드의 상징: 메이저 아르카나』, 서로빛나는숲, 2018, 169쪽.

** 회사의 감사監査 관련 과 직원들은 관련인들에게 공포의 대상일 수 있으나, 이해타산이 전혀 관련되지 않은 외부인이 본다면 그저 해당 회사의 일개 직원일 뿐이다. 또한 군인, 의사, 법관은 제복이나 계급장을 제하고 보면 생활 수준이나 말투, 행동을 의도적으로 관찰하지 않는 한 그의 지위나 수준을 증명할 방법이 없는 시민일 뿐이다.

연금술 Q₈는 자신이 임하고 있는 영Spirit을 널리 적용하고 이로써 영의 본질을 현실에 구현하는 모습을 표현한다.

이는 자신의 시선(→)과 검을 응시하는 모습을 통해 더 부각되며, 이 영이 추구하고자 하는 기준, 원칙, 제한을 사람들에게 공평하게 적용하고자 하는 의미를 지닌다.

이런 방법은 혼Soul으로의 확장 속도를 저해하며, 그럼에도 이 방식을 계속 고수해 사람들의 지지나 Q₈에 대한 공감을 점차 없애버린다는 단점이 있다.

그러나 이런 치명적인 단점에도 이 과정은 꼭 이루어져야 한다. 이 과정을 거쳐야만 검 수트가 의미하는 분야/요소들이 완성되고 유지될 수 있기 때문이다.

이런 의미는 Q₈의 중추 의미인 '회한, 후회, 결핍' 등과 밀접하게 연관된다.

카발라 카발라주의의 관점을 대입해 Qs를 이해
한다면, 이는 곧 제3계(형성계)의 비나Binah에 대
응됨을 알 수 있다.

그렇기에 Qs는 모든 지식, 규칙 등 형이상학적
인 근거나 원류를 바탕으로 형성된 것들이 왜 발
생했으며, 어떤 용도로 만들어져서 사용되는지
이해하고 있는 존재임을 묘사한다.

이로 인해 상부 세피라/세계에서 창조돼 외형,
시스템, 절차가 형성되기 시작한 과정들을 이해
하며, 이를 어떻게, 왜 쓰여야만 하는지를 규정해
하부 세계/세피라에 내려보내는 역할을 맡는다.

이런 연유로 Qs는 스스로 이해한 지식의 본질
이나 이를 사용/적용할 때 본래의 의도를 그대로
지킬 것을 강요하는 모습으로 그려지며, 이로써
잘못 사용되거나 본의가 변질되지 않도록 자신
이 이해한 것을 지키려는 이들로 묘사된다.

그러나 그 의도가 모두 잊히거나 무시돼 허울
뿐인 잣대로 예외를 계속 만들게 된다면, 자신이
내세우려 했던 지식, 규칙, 법률 등으로 스스로의
위신을 실추시킬 수 있음을 경고한다.

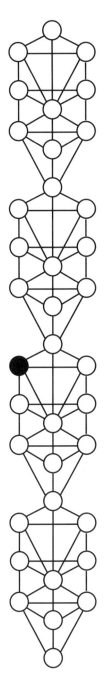

점성술 헤르메스주의의 관점으로 구성된 토트 덱에서는 Q_s를 천칭자리오에 대응시킨다. 그러나 라이더-웨이트 덱에는 해당 점성술의 상징이 그림에 일체 묘사돼 있지 않다.

점성술에서 공기의 세 별자리 가운데 활동적Cardinal 속성을 지녔다고 이해되는 천칭자리의 성향은 상대주의에 입각한 조화를 의미하며 나아가 아름다움을 좇는 성향으로 설명되는데, 그 과정에서 합의된 것들을 위배하지 않으려는 미덕을 갖춘 것으로 이해한다.

Q_s는 부정적인 영향을 받는다면 균형/조화에 대한 집착이나 강박적인 모습으로 드러나며, 나아가 편집증적 탐미주의를 결합해 실행할 수 있음을 경고한다. 나아가 가해자가 된 피해자로 전락할 수 있으나, 자신의 욕구/의지를 사회가 바라는 선과 정의에 합치시켜 세상이 올바르게 유지될 수 있는 축이 됨으로써 자신이 구현 및 추구하려는 아름다움에 닿을 수 있도록 조언할 것을 주문한다.

KING *of* SWORDS.

냉정, 전문가
Composed, Specialist

왕은 자신의 능력을 증명해 기반을 지켜왔으며, 왕의 위엄은 단순한 이름뿐만이 아니라는 점을 부각해 자신의 권위를 피지배자들에게 인정받았다.

그렇기에 왕은 자신이 있는 곳이 곧 왕궁이었으며, 이를 이용해 더 적극적이고 확실하게 기반을 통제해낼 수 있었다.* 나아가 어떤 문제가 발생하거나 장애물 때문에 자신의 의지가 방해받거나 목적을 실현하지 못하게 될 때도 자신의 실력을 행사해 끝내 관철해낼 수 있었다.

또한 자신의 기반 또는 분야의 역량을 적재적소에 배분하고 자신의 권위(수조권收租權, 부설권 등)를 빌려주거나 보장해주는 방법들(서양의 장원과 동양의 공신전, 군인전)을 사용했으며, 원활한 통치를 위해 법령과 규칙을 지정해 기반 안에서 자신이 의도치 않은 무질서를 방지했다.

이런 일들을 정당히 행한 왕들은 어디에서나 당당할 수 있었으며, 자신의 위엄을 항상 흔들림 없이 유지하고자 신상필벌信賞必罰을 엄격히 적용해야 했다.

이런 면모는 카드의 주 키워드인 냉정, (어떤 기술, 교범에 관한)전문가, 지도자, 공사 구분에 영향을 끼친다.

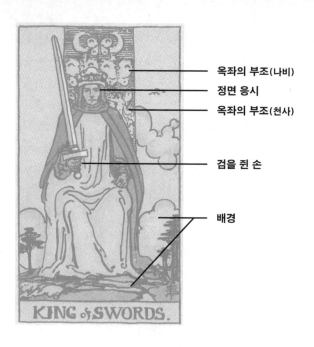

옥좌의 부조(나비)

정면 응시

옥좌의 부조(천사)

검을 쥔 손

배경

KING of SWORDS.

---

* 중세 유럽 왕국의 왕들은 별도의 왕성이 없었으며, 대영주들의 성이나 공관 公館을 돌아가며 사용했다. 이는 왕의 권위를 드러내는 것과 동시에 해당 영주의 충성도를 가늠하려는 견제 목적도 있었다.

필리페 브로샤르·파트리스 펠르랭, 『컬러 일러스트레이션 세계 생활사 12, 중세의 성과 기사』, 동아출판사, 1987, 24-25쪽.

옥좌의 부조(나비, 천사) 나비는 활짝 피어나 단순한 기술 영역 이상을 지닌 자가 옥좌에 앉아 있음을 표현한다. 이는 삼각형 구도로 강조되며, 그 아래의 천사는 점성술 상징을 차용하거나 연금술 상징인 양성구유를 묘사한 것으로 확인된다. 점성술 상징으로 이해한다면, 검 수트의 분야 안에서 벌어지는 무수한 변화에 기민하게 반응할 수 있는 능력을 지닌 것이라 이해할 수 있으며, 연금술 상징으로 이해한다면 자신이 속한 분야나 익힌 지식의 총화를 모두 익힌 완전체여야 옥좌의 주인이 될 수 있다는 것을 알리는 장치다.

정면 응시 이 표현은 당당함을 표현할 때 주로 사용된다. 단, 그에 상응하는 권위나 역량이 있는지 묘사해야 하며, 그렇지 않으면 부정적인 의미나 도발의 의미가 적용된다. 현재 자체를 의미하기도 하는데, 이런 묘사는 고대와 중세부터 원형상징에 준하는 표현 기법이다.

검을 쥔 손 한손으로 여유롭게 검을 쥔 모습은 적합성·적법성·위험성을 다 감안한 상태로도 자신의 역량을 자연스럽게 행사할 수 있는 수준임을 이미 자각하고 있으며, 자신의 역량이나 시스템에 휘둘리지 않고 본래의 의도와 목적에 따라 이를 적절히 이용할 수 있는 사람임을 강조한다.

배경 구름은 평온하게 유지되고 있으며, 평원은 탁 트인 개활지를 묘사했다. 이는 어느 곳에 있더라도 자신의 역량과 권위가 확고하다는 것(평원)을 드러내며, 이 과정에서 Ns의 급진적인 요소조차 필요하지 않은 절대적 권위를 얻은 것(구름)을 뜻한다.

KING *of* SWORDS.(이하 Ks)는 자신의 이성과 판단력을 관철하는 데 머무르지 않고 이를 공유하는 집단을 통솔하거나 자신의 전문성을 자유롭게 발현해 그 권위를 인정받는 데 성공한 사람/상황/분야를 뜻한다.

이런 내용은 평원 가운데 별도의 장식이나 준비 없이 간단한 옥좌만으로 묘사된 그림을 통해 확인할 수 있다.

정면을 바라보는 구도는 보편적으로 당당함·위엄을 뜻하며, 그에 걸맞는 상징물들을 인물과 배경에 묘사함으로써 인물이 어떤 이유로 당당할 수 있고 어떤 권위를 지녔는지 설명해준다. 이로써 Ks가 자신의 기반이 되는 분야를 대표할 정도의 역량을 충분히 지녔다는 점을 알 수 있다.

이는 곧 이 카드의 키워드인 '자신의 출중한 역량을 통해 즉각적인 대응이나 조치를 합법적으로 할 수 있는 사람/수준/분야'의 의미를 드러내는 장치이며, 사방이 트인 평원은 어떤 상황이더라도 Ks가 있는 곳에서 그의 역량이 닿는 문제라면 이를 해결할 수 있다는 증명을 스스로 계속하고 있음을 뜻한다.

나아가 이전의 Ps, Ns, Qs와 달리 Ks가 자신의 검을 다루는 모습은 매우 자연스럽고 편안하게 묘사돼 있으며, 이는 곧 자신의 전문 분야에 대한 이해도와 응용력이 다른 사람을 압도하고 있음을 보여준다.

이런 의미들 때문에 Ks는 검 수트의 특성상, 메뉴얼화돼서 체계가 잡혀 있거나 정해진 규칙대로 일을 진행해야 하는 분야의 최고 책임자 또는 전문가를 뜻한다.

어떤 일이 일어날 때, Ks는 전문 분야에 대해 이성적이고 냉정한 판단으로 가장 간결하고 확실한 조치를 내리는 모습으로 드러난다. 이에 반대되는 의견이나 입장이 있더라도 그 자신이 몸담은 분야에 대한 규칙과 근거를 토대로 이를 무력화시키는 모습으로 표현된다.

그렇기에 Ks의 의미가 긍정적으로 발현된다면 모든 사안을 철저하게 공정하고 냉정하게 판단해 자신과 자신이 속한 기반의 권위를 끌어올리며 장애물이나 문제를 규칙에 따라 과감히 배제하고, 이런 행위를 사람들에게 보여줌으로써 자신의 권위를 자연스럽게 인정할 수밖에 없도록 행동할 것을 그림을 통해 강조한다.* **

그러나 부정적인 면모가 부각되면 자신의 기술과 위력을 다른 사람들에게 강제하거나, 편협한 판단 때문에 신뢰를 잃거나, 가혹한 처사 때문에 공분을 사는 등, 스스로 조심히 다루어야 하는 고귀한 가치를 남용해 권위를 실추시킬 수 있다는 점을 경고한다. 최악의 경우 기반 안의 인물들이 들고 일어나 Ks가 의지하는 기술/기반을 무효화하거나 대체재를 동원해 Ks의 권위와 기반을 없애버리는 상황에 이를 수 있음을 강조한다.

이런 Ks의 긍정/부정적인 측면은 Ks로 표현될 수 있는 인물들이 규칙을 숭앙하다가 인간성을 저버리거나, 반대로 규칙에 철저하지 못하고 이중 잣대를 사람들에게 들이밀 때 생길 수 있다. 그렇기에 해당 분야의 대표자들은 이를 경계하며 대안을 꾸준히 만들어나가면서 이를 미연에 방지해야 한다는 것을 강조한다.

Ks는 그렇기에 자신이 몸담은 기반, 기술, 지식 등의 가치와 명분이 자신을 비롯한 많은 이에게 얼마나 영향을 끼칠 수 있는지를 감안해야 한다는 점과 함께, 그 기준을 적용·선정하면서 가혹함과 애매모호함이 발생하지 않도록 더 철저한 기준을 스스로에게도 적용할 것을 조언한다.

지식과 기술의 가치를 모든 이가 누리기 전에, 모든 이가 누릴 수 있는 정확한 근거와 그에 따른 결과물들을 언제나 같은 상황 및 조건에서 제공해야 하기 때문이다.

---

* 드라마 〈판관 포청천〉으로 잘 알려진 북송 시대의 포증(包拯, 999~1062)을 예로 들 수 있다. 이미 당대에도 '청탁이 통하지 않는 이는 염라대왕과 포대인 뿐이다關節不到, 有閻羅包老'라는 말이 남아 있을 정도로 전설적인 청백리다. 『송사宋史』316권, 열전 제75편.
** 중국 춘추전국시대를 통일한 진나라의 가장 근본적인 원동력이 된 상앙商鞅의 변법과 관련된 일화를 들 수 있다.

연금술 Ks는 부조의 자웅동체/양성구유를 통해 더 명확히 이해할 수 있다. 이는 모든 검 수트에 등장하는 나비와 결합해 어떠한 의지를 세상에 널리 퍼트리려는 변환 과정을 모두 마쳤으며, 이를 완벽한 수준으로 사용·행사할 수 있는 수준이라는 것을 표현하고 있다.

이로써 Ks가 추구하는 것들이 사람들에게 당당히 자신의 존재감을 드러내며 자신의 업적과 권위를 인정받는 데 거리낌 없는 수준에 다다랐다는 점을 구도(정면 응시)로써 보여주며, 손에 쥔 검은 그가 사용/추구하려는 데 성공한 것의 본질이 기본적으로 영Spirit에 기반하고 있음을 표현한다.

그러나 이 과정에서 자신의 의지를 추구한 나머지 혼Soul을 경시하거나 외면해 권위를 잃을 수 있다는 점을 경고하며, Ks 스스로 자신이 검을 지닐 수 있다는 것을 증명하려는 의지와 실력이 뒷받침돼 있지 않다면 그 지위와 격을 다른 이들에게 내줄 수밖에 없다는 점을 경고한다.

카발라 카발라주의의 관점에서 Ks는 형성계(제3계)의 호크마에 배정된다.

이를 통해 Ks는 제1, 2계를 통해 발출, 창조된 것이 외부로 어떻게 형성될지 모두 알고 있으며, 이를 하부 세피라에 전달해 만물이 구체적인 형상을 갖추도록 하는 역할을 가진다.

그렇기에 Ks는 해당 분야의 모든 내용에 통달한 이를 의미하며, 어떤 핵심 가치를 통해 생성된 기술, 규칙 등을 통해 자신이 의도하거나 만들려는 결과물들을 외부에 보여줄 수 있는 수준으로 연마해 기반과 권위를 얻은 사람이라 이해할 수 있다.

그렇기에 Ks는 정해진 규격, 규칙, 원칙에 충실하고 나아가 결과물을 꾸준히 만들기만 하면 권위가 강화되고, 하부 세피라/세계들의 요소들에게 귀감이 될 수 있음을 보여주지만, 스스로 그 원칙을 깨거나 위법적인 행위를 저지른다면 그 권위와 격이 떨어질 수 있음을 경고한다.

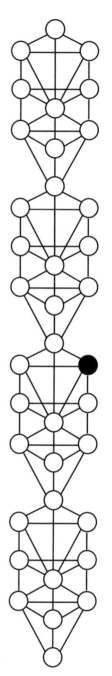

점성술 라이더-웨이트 덱에서는 별도의 언급이 없는 바람에 해석이 분분할 수밖에 없는 요소가 추가돼 있다. 이는 옥좌의 부조인데, 뒤의 두 사람이 의미하는 것을 어떻게 이해하느냐에 따라 의미가 분화될 수 있다.

이를 쌍둥이로 이해하면 해당 별자리의 미덕이 Ks에 있다는 의미로 받아들여야 하며, 실제 점성술 배정이 이루어진 것이라 보기 어렵다. 머리말에서 언급했듯 라이더-웨이트 덱의 코트 카드에는 모든 별자리의 상징이 명확히 배치돼 않아 점성술 요소가 단순 상징들의 의미를 차용한 데 그치기 때문이다. 그렇지 않다면 자웅동체로 인식해야 하나, 이는 엄밀히 연금술 상징이다.

이런 연유로 부조를 쌍둥이로 이해하면 Ks는 겉으로 보기에 옥좌에 앉아 변화를 거부하거나 무시하는 듯하나, 자신의 분야와 관련한 것에서 예민하고 기민한 움직임을 계속해 자신의 옥좌를 유지해나가는 사람으로 묘사되며, 이런 노력이 필요하다는 점을 스스로도 잘 알고 있는 사람을 뜻한다.

그러나 헤르메스주의의 관점으로 제작된 덱은 Ks에 공기의 세 별자리 가운데 고정적Fixed이고 보수적인 속성인 물병자리♒를 대응시켰다.

이때 Ks는 보편적인 지식을 퍼트리거나 스스로 창조/파괴해가며 발전하는 전문가(가 되려 하는 이)의 모습으로 이해할 수 있다. 곧, 자신이 속한 분야의 다양한 요소들을 다루려 하거나 이미 능숙히 다룰 수 있는 사람으로 이해할 수 있다.

그러나 기술/법의 발전에서 과도한 보편주의는 과도한 엘리트주의와 다를 것 없는 폐해를 가져올 수 있으며, 이른바 '누구나 쉽게 쓸 수 있는' 기술은 '기술'로 불리지 않을 수 있다는 점을 경고한다.

PAGE *of* PENTACLES.

학습
Learning

아이들은 자신의 주변을 구성하는 환경에 대해 학습하며, 이로써 자신이 취해야 하는 현실적인 기반을 설계하거나 목표로 삼는다. 나아가 자신의 삶을 다채롭게 꾸며주는 것들에 흥미를 보이며 그것들을 소유하거나 자유자재로 이용할 수 있기를 염원하며 관련 지식과 경험을 쌓아간다.

이로써 유지·보수되는 경험과 사례를 반복해 익히면, 이를 가치 있다고 여기는 이들과 교환해가며 재화와 기반을 얻을 수 있다.

아이들은 이런 세상/사회를 구성하는 구조가 어떻게 이루어지는지 배워 나간다. 과거 이런 지식을 접하는 것은 매우 어려웠으나, 시대가 발전하며 보편 교육을 지향하게 되면서 많은 국가에서 의무교육을 통해 이런 기능을 수행하고 있다.

이렇게 학습하며 아이들은 자신이 얻고자 하는 것들을 경험하거나 체험하고, 자신의 관심 분야에 대한 기초적인 내용들을 관찰해 학습해왔다.

이는 곧 이 카드의 주된 의미인 학습, 관찰로 이어진다.

모자Chaperon

벨트

땅

모자Chaperon 중세 유럽에서 자주 착용했던 모자다. 보통 중산층에서 애용했는데, 이로써 그림 속 인물이 최소 교육을 받을 수 있는 기반을 갖춘 환경 속에서 양육되고 있다는 것을 시사한다.

벨트 천으로 만든 벨트는 그리 큰 의미가 없어 보이나, 타로카드 78장에 부여된 의미를 통해 추론한다면 그림 속 인물의 역량 부족을 드러낸다. 이는 허리띠의 재질로 구분해 표현되는데, 수도사의 상징인 노끈을 제외한다면 보편적으로 천, 가죽, 금속의 순으로 그 역량을 표시하기 때문이다.[16] 이런 차별성을 통해 의미를 부여하는 방식은 과거 동서양을 막론하고 즐겨 쓰였다(예: 관복).

땅 전형적인 미개간 옥토[17]를 의미한다. 오른쪽의 갓 경작하기 시작한 땅을 통해 이 인물에게 재능Potential이 잠재돼 있다는 것을 표현하며, 반대로 이를 일깨우는 데 필요한 경험과 지식이 부족하다는 것을 드러낸다.

PAGE *of* PENTACLES.(이하 Pp)는 자신이 놓인 환경이나 관심 있는 분야에 대한 기초 학습이나 체험을 겪고 있는 상황/인물/분야를 뜻한다.

기초 학습을 하고 있다는 점은 이 카드의 인물이 얻고자 하는 가치/목표를 완전히 손에 넣지 못했다는 묘사를 통해 추론할 수 있다.

다른 PAGE들과 달리, Pp는 수트를 상징하는 오망성을 제대로 쥐고 있지 않은 것으로 묘사돼 있다. 이는 다른 수트와 달리 물질적 재화와 관련된 것을 학습하거나 추구할 뿐, 이를 제대로 손에 넣지 못했다는 사실을 그림에서 표현한 것이다.

이로써 Pp에 해당하는 상황/사건/인물의 전문성이 떨어진다는 것을 의미하며, 해당 기반에 대한 지배력을 온전하게 발휘할 수 없다는 한계를 드러낸다.

나아가 자신이 배우고 경험하는 것을 기록하거나 똑같이 따라해 얻고자 하는 것을 얻어내려 노력하며, 이와 같은 상황에 순응하거나 배운 대로 행하려는 순진한 면모를 그림에서 부각했다.

이런 표현 때문에 Pp는 인턴/아르바이트/견습 사원 등의 의미를 지닌다.

이렇게 자신이 모르는 것을 받아들이려는 태도는 착실한 수행자/학생으로 표현될 수 있으나, 자신의 역량에 맞지 않게 과중한 책무를 떠안거나 기반 없이 역량을 증명해야 한다면 Pp는 자신이 학습한 것을 내보일 수 없다는 점에 주의해야 한다. 이는 곧 어설픈 일 처리와 그에 따른 업무 연계의 실패로 이어질 수 있으며, 최악의 경우 자신과 주변 사람들에게 큰 손실을 안기는 결과로 치달을 수 있다는 점을 경고한다.

이런 Pp의 어설픈 모습들은 실전 경험 부족에서 비롯하며, 자신의 권한이 적을수록 조직의 건전한 말초 세포로 자리 잡는다. 그러나 부정적인 면모를 보이면 자신의 미숙함 때문에 벌어진 사안들을 감당하지 못하거나 중요한 사안을 남에게 의탁해 처리하는 상황에 다다르며, 최악의 경우 자신이 책임지지 않아도 될 일을 떠안아 자멸하는 결과로 치닫는다.

Pp는 그렇기에 자신이 학습하거나 경험하고 있는 것들이 현실에 어떻게 적용될 수 있는지를 확인해야 한다는 점을 그림을 통해 경고한다. 나아가 다양한 경험과 학습을 거쳐 자신이 추구하거나 소유하려는 것이 어떤 논리 구조와 효용, 효과를 창출하고 어떻게 부작용과 오류를 줄일 수 있을지 고민할 것을 강조한다.

연금술 Pp는 자신이 공감하고 공유하려는 (무·유형적인)가치로 대체될 수 있는 것이 무엇이며, 이를 어떻게 확산시키거나 획득할 수 있는지 학습하거나 관찰하는 영Spirit의 모습으로 표현된다.

이는 특히 시선의 방향(→)을 통해 드러나며, 이 시선이 오망성에 닿아 있는 묘사를 통해 부각됐다.

이 과정에서 그 가치를 직접적으로 소유하지 않았음을 그림을 통해 표현하여 Pp가 가진 의지Spirit가 모두Soul에게 퍼진 수준이 되지 못함을 묘사한다.

그렇기에 Pp는 자신이 가진 잠재력과 가능성을 학습을 통해 개발하고 이를 통해 자신이 노리고자 하는 목적을 달성할 수 있도록 노력해야함을 알 수 있다.

그러나 숙련되지 못하거나 실질적 경험 없이 단순한 관찰 만으로 생성된 가치가 자신이 정당하다 생각하거나 다른 사람의 높은 평가로 이어지지 못한다는 점을 경고한다.

이는 곧 Pp의 의미인 '인턴, 아르바이트' 등의 의미와 직접적으로 결부된다.

카발라 Pp는 제4계(물질계, Asiyah)의 말쿠트에 대응된다.

카발라에서 제4계는 혼돈이 가득하며, 악마와 인간이 서로 투쟁하는 곳이자 현실 세상을 의미하며, 이 말단에 놓여진 곳에서부터 신의 의지를 쫓고 탐구해 상위 세피라/세계로 상승해 나갈 것을 역설한다.

그렇기에 카발라주의의 관점에서 Pp는 하부에 위치한 물질들*에 해당하며, 수많은 물질 사이에서 신의 숨결Essence을 찾아 헤매는 모습으로 이해한다.

나아가 이런 의미들은 결국 자기 자신에 내제된 어떤 가능성보다, 자신을 둘러싼 환경에 있는 다양한 요소를 관찰해 어떤 목적/목표를 달성할 수 있는지 고민해나가도록 이끈다.

그러나 이를 얻지 못한 채 남의 기준이나 공감대에 자신의 주관이 희석되거나 자신이 원하는 것을 잊은 채 남의 기준과 공감대에 맞추려 한다면, 스스로 성장하지 못한 채 주저앉을 수 있다는 점을 경고한다.

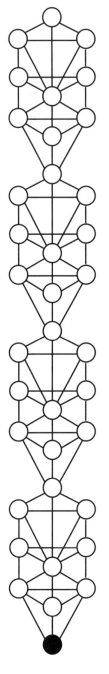

* 이들은 육체를 신의 숨결을 가두려 악마가 만들어 낸 감옥, 족쇄로 이해한다.

점성술 땅의 근원Source으로 묘사되는 Pp는 축복받은 대지, 옥토로 묘사돼 자신과 자신이 속한 환경을 더 비옥하게 만들고자 한다.

이는 곧 물질의 공유, 확보, 확산, 안정을 통해 사람들의 공인이나 인정을 받아내려는 모습으로 표현된다.

나아가 이 과정에서 더 권위를 얻거나 인정을 받고 있는 것에 대한 학습과 관찰을 통해 이를 안정적으로 축적(황소자리♉)하고, 더 정밀한 기준과 잣대로 편성, 분배, 감정勘定, 계량하는 과정(처녀자리♍)을 거쳐 사람들에게 인정받고자 고행과 인내(염소자리♑)를 계속해 원하는 바를 달성할 수 있다고 전망할 수 있으나, 이는 어디까지나 Pp 자신의 희망사항에 지나지 않을 뿐이다.

실상은 학습, 경험, 공유, 공인에서 의지에 비해 역량이 부족하다는 점을 잊고, 이론에 지나지 않는 것이 현실에 이루어지지 않았음에도 이를 주장하거나 단순한 기준을 금과옥조로 삼아 남에게도 이를 강요하는 모습으로 드러날 수 있고, 쓰디쓴 고난을 거쳐 열매를 얻기도 전에 고생만 하고 포기하는 모습으로 드러날 수 있다는 점을 경고한다. 나아가 이를 통해 Pp의 잠재력을 더 효율적이고 긍정적인 방향으로 나아갈 수 있도록 조언해야 한다는 점을 강조한다.

KNIGHT *of* PENTACLES.

현상 유지, 견실함
Diligent, Reliable, Trustworthy

기사의 어원은 고대 로마의 에퀴테스Equites 계급에서 찾을 수 있다. 그러나 무력 집단으로서 사람들이 널리 인식하게 된 기사의 모습은 고대-중세의 과도기 시절 세금 징수를 위해 파견됐던 이들로부터 시작된다. 이들은 불안한 치안 때문에 자신들의 무장을 강화할 수밖에 없었고, 이 강화된 무력이 전장까지 이어져 중세를 화려하게 장식하게 됐다.*

기사는 영지를 운영할 수 있는 최소한의 작위로 인정받았으며, 각 영주와 왕은 군사력을 확보하고자 이들에게 봉토를 내리는 대신 무력을 빌려오는 봉건제를 정착시켰다. 이들은 수여받은 봉토에서 산출되는 세금 일부를 바치는 대신 군사력을 유지, 증강해 주군의 전쟁에 참가했다.

그렇기에 기사는 단순한 무력뿐만 아니라 최소한의 통치·행정을 감당할 능력이 요구됐다. 각종 명분에 동원되기에 앞서 자신의 이익을 보장받아야 했으며, 이를 위해 주군에게 세세한 조건들을 요구했고, 영지를 유지해내려 각자도생의 길을 걷는 극단적인 선택까지도 주저하지 않았다.

이런 내용은 곧 이 카드의 의미인 안분자족安分自足, 현상 유지의 의미에 큰 영향을 준다.

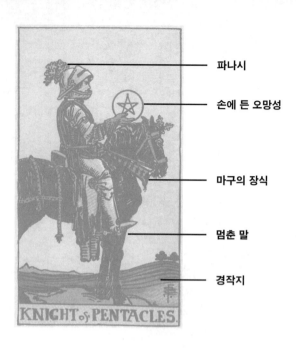

파나시

손에 든 오망성

마구의 장식

멈춘 말

경작지

KNIGHT of PENTACLES.

---

* 전투 시 동원되는 무력의 기준 및 주변 영지와의 불가침권 인정 여부 또는 주군을 여러 명 둘 때 전쟁 참여의 우선순위 등을 모두 구분해 적용했다. 이렇게 자신의 생존을 우선하거나 봉신 계약이 철회된 기사를 프리랜서라고 불렀으며, 이 당시에는 매우 불명예스러운 호칭으로 취급됐다.
진원숙, 『십자군, 성전과 약탈의 역사』, 살림, 2006.

파나시 및 마구의 장식 나무 모양의 파나시로써 그림 속 인물이 이 기반을 어떤 수단으로 유용할 것인지 드러내며, 이 수단으로 자신이 생성할 수 있는 가치(마구의 장식)를 형성해 더 높은 단계로 올라서려는 의도가 있음을 드러낸다.

손에 든 오망성 손에 들고 있는 오망성을 주시하는 묘사를 통해 자신의 기반에 조심스럽게 집중해야 이를 유지할 수 있는 수준이라는 점을 표현하며, Nw와 같이 장갑을 통해 이를 더욱 부각시키고 있다. 나아가 자신의 손 안에 있는 물질적 기반을 마음대로 전용할 수 있는 전권을 소유하지 못했음을 보여준다.

멈춘 말 이 기반을 유지·보수하기 위해 자신의 의도/의지를 발현하지 않고 있음을 뜻한다.

경작지 경작지는 사람의 손길이 닿은 곳이자, 가치를 창출해내는 지력地力의 의미를 가진다. 그림 속 인물이 자신의 역량과 기술을 통해 이 정도 수준에는 다다랐음을 의미한다.

KNIGHT *of* PENTACLES.(이하 Np)는 자신이 감당할 수 있는 영역을 파악하고 이를 유지, 보수하려는 인물/분야/상황을 뜻한다.

자신의 기반을 유지, 보수한다는 뜻은 이 기사가 자신의 영지를 경작하는 것을 지켜보며 관리하고 있는 구도를 통해 표현된다. 이를 통해 자신의 기반을 이루고 있는 것들에 충실하며, 낭비하지 않고 기반을 유지해 자신이 원하는 바를 점진적으로 이루고자 노력하는 과정들을 의미한다.

이는 Np 자신이 지니고 있는 것 외의 문제들에 대해 소극적으로 대응하거나 현실적인 대안을 마련해 기반 이상의 역량이 필요한 행위를 자제하고 더 안정적인 수단으로 자신의 현실적인 위치, 영향력을 넓히는 것으로 이해할 수 있다.

이런 모습들은 사회 초년생들이 미래를 설계하고자 정기 적금을 가입하거나 자신의 씀씀이를 수입에 맞춰 조율하는 모습으로 쉽게 이해할 수 있으며, 불확실하거나 손에 잡히지 않는 것들을 피하면서 느리더라도 최대한 견실한 방법을 통해 기반의 건전성을 확보하는 모습들은 Np가 어떤 인물, 성향을 띠는지 이해할 수 있는 좋은 방법이 된다.

그러나 Np는 자신이 지닌 것 외의 거대한 기반과 단위에 익숙하지 않다는 한계가 있다. 흔히 일컫는 우물 안 개구리와 유사한 이런 모습은 Np가 자신의 역량 이상의 모험을 하지 않고 기존의 방식을 고수하거나 자신의 기반 영역 외로 진출하지 않아 스스로 고립되는 모습으로 변질되며,* 최악의 경우 이런 문제로 인해 좋은 기회를 놓치거나 변화하는 흐름을 간파하지 못해 기반마저 잃어버리는 모습

---

* 중세 유럽의 상업이 발전하지 못했던 결정적인 이유는 도적·이민족의 습격이 잦았고, 영주들이 상인들의 교류로 인해 자신의 영지의 약점이 노출되는 것을 꺼린 것에서 비롯한다. 특히 통치자들은 높은 세율, 다양한 종목에 대한 과세 정책을 통해 쓸데없는 세금들을 남발해 상업 발전의 정체를 더욱 심화시켰다. 입성료, 교량 통행료, 방앗간, 창문세가 대표적이다. 이런 풍조는 십자군 전쟁 및 왕권 강화, 대항해시대가 시작되며 쇠퇴한다.
피에르 미켈, 피에르 프로브스트, 『컬러 일러스트레이션 세계 생활사 11, 중세의 도시 생활』, 동아출판사, 1987, 17-21쪽.

으로 전락한다. 이는 Np의 유지·보수적인 면모가 주변과 어우러지지 못하거나 고립돼 다른 사람들이나 다른 분야들과 교류하지 못해 발생하는 문제다.

Np의 이런 모습은 자신의 기반에 집중하려다가 생기는 시야의 편협함이라 할 수 있다. 자신의 분수를 알고 그에 족하는 행동과 판단을 하려는 것은 매우 현명한 처사이나, 시대의 조류에 적응하지 못한다면 그마저도 의미 없는 것이 돼버리며, 이를 개선해내지 않고 자신의 작은 기반에 천착하려 들 경우 새로운 경쟁자들의 출현이나 기술의 발전, 여론과 사회 인식의 변화 때문에 그 기반 자체가 점차 줄어들어 소멸하는 모습으로 악화된다. 더욱 큰 문제는 이렇게 소멸되며 자신 개인에게만 피해를 끼치지 않고 자신의 기반과 관련된 친밀한 이들까지 휘말려들게 만든다는 것이다.

Np는 이런 요소들로 인해 자신의 기반이라 생각하는 영역, 분야, 직책 등과 현실적인 재력들이 자신의 의지나 능력만으로 영원히 유지될 수 있다는 거대한 착각에서 벗어나 더욱 견고한 기반과 확고한 영역을 확보할 수 있도록 스스로 연마할 것을 조언한다.

이 과정에서 자신의 역량을 자신의 분야에만 적용하지 말고 다른 유사 분야에도 점차 확장시켜 자신의 영향력을 늘려나가면서 더욱 포괄적인 실무 경험들을 익혀야 하며, 이 과정을 통해 자신이 알거나 소유한 기반과 경험의 의의를 인지해낼 것을 강조한다.

연금술 Np는 자신이 추구하고자 했던 물질적 기반을 스스로 형성하고 이를 운용해내 자신을 비롯한 소규모의 영역에 영향력을 끼치기 시작한 모습을 의미한다.

이는 자신이 가진 기반 내에서 스스로의 의지Spirit를 유지하며, 남들이 공유·공감하고자 하는 물질적 요소(유형화된 Soul)를 손에 넣은 그림 속 묘사를 통해 확인할 수 있다.

이로써 자신의 의지를 실행할 수 있는 단계에 올랐음을 그림 속 손에 쥔 오망성을 바라보지 않고 성Soul(→)을 바라보는 시선의 방향으로 확인할 수 있다.

그러나 이 과정 속에서 자신의 기반과 입지가 굳건하지 않다는 점을 망각하거나, 자신의 의지와 역량에 걸맞지 않은 것을 탐하면 부정적인 영향을 받으며, 끝내는 자신이 쥐고 있던 기반과 영예를 모두 탕진하거나 강탈당할 수 있다는 점을 경고한다.

카발라 카발라주의의 관점으로 Np는 물질계(제4계)의 적자嫡子인 미의 티페레트에 대응한다.

이 아름다움은 원 질료를 특정 기반, 문화, 지역 등의 영역에서 영향력을 지닌 존재(비나, 호크마)의 의도대로 가공·세공돼 형성되며, 그렇기에 모두가 이 아름다움을 공인/승인하고 서로 소유하려 하거나 이 수준에 닿고자 자신을 끊임없이 개조, 변형해나가야 함을 의미한다.

그렇기에 겉에 치중한 채 그저 보여지기만을 위한 아름다움이 덧없어지거나 이 아름다움을 공유/인정하는 영향력을 가진 존재들의 기반이 소멸/약화될 경우 그 가치 자체가 부정당할 수 있다는 점을 경고하며, 반대로 이 아름다움을 유지해내기 위한 물질적 요소들의 소요를 감당하거나 혼의 이탈/소멸을 막아 영원히 이 아름다움을 유지하거나 얻어낼 수 있음을 설명한다(그러나 이런 방식이 아름다운 과정은 아닐 것이다. 이곳은 엄연히 악마와 인간이 아귀다툼을 벌이고 있는 전쟁터이기 때문이다).

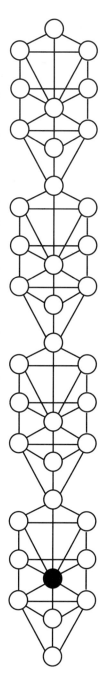

점성술 헤르메스주의 관점을 적용한 토트 덱에서는 Np를 처녀자리 ♍에 대응시켰다. 그러나 라이더-웨이트 덱의 Np 묘사에서는 처녀자리를 의미하는 명확한 묘사가 존재하지 않는다.

처녀자리는 땅의 원소 중에서도 적응력과 임기응변이 능한Mutable 별자리로 구분되며, 꾸준한 학습을 통해 자신을 해당하는 원소가 주관하는 분야 내에서 발전시킨다고 이해한다.

점성술에서는 적응을 위한 분별력 또는 담담하나 세밀하게 위험요소들을 배제해나가며 안정을 구가한다는 의미로 묘사하며, 이런 요소를 삽입한 토트 덱에서도 방어적이되 자신의 기반을 지켜내는 모습을 그림을 통해 부각하고 있다.

이를 카드의 의미와 결부시켜 이해한다면 그 특유의 근면성실, 정밀하고 논리적인 성격을 통해 자신의 기반을 다잡는데 성공한 모습으로 이해할 수 있으며, 그 반대로 세밀하지 못한 대비나 일처리로 인해 자신과 사신 주변을 둘러싼 이들에게 불행을 초래할 수 있다는 점을 경고한다고 이해할 수 있을 것이다.

QUEEN *of* PENTACLES

(자산/기반의)운용
Exploit

QUEEN *of* PENTACLES

여왕은 기본적으로 자신이 속한 곳의 기반을 충실히 유지하고 운용할 것을 요구받았으며, 그렇지 않더라도 별도의 기반을 마련해주거나 결혼 시 지참했던 것들을 독자적으로 운영해내야만 했다.* 나아가 이런 방식을 변칙적으로 이용해 자신의 기반을 확장해내는 경우 또한 존재했다.**

이런 여왕의 능력은 국가의 내정을 담당하는 분야와 밀접하게 연계되기 시작했으며, 단순히 겉으로 드러난 의지, 명분, 정치, 문화적 감수성, 기술, 무력, 규칙 등과 달리 기반을 부양하는 데 필요한 물질적 재화를 운영해내는 데 특화됐다. 나아가 내밀한 방식으로 이런 수단들을 강화해 자신의 기반을 유지하는 모습으로 묘사돼왔다.

그러나 위에서 언급한 성향은 배타적일 수밖에 없으며, 이런 성향 때문에 자신의 기반에 속한 이들에게 온정적인 이유를 빌미로 위해를 입히는 때도 있다. 이런 모습이 외부에 폭로되거나 내부 비판에 부딪히면 스스로 권위를 실추시킬 수 있으며, 또한 운영 역량이 미숙하거나 올바른 운용을 하지 않아 범죄를 저지르는 때도 있다.

이런 여왕의 면모는 이 카드의 의미인 실물 자산의 운영, 내부 조직의 구성 등의 의미로 부각된다.***

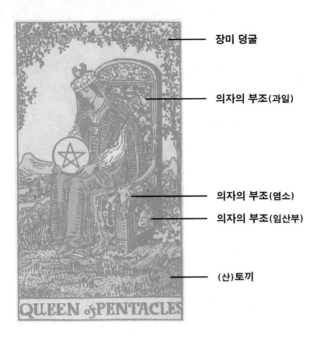

장미 덩굴

의자의 부조(과일)

의자의 부조(염소)

의자의 부조(임산부)

(산)토끼

QUEEN of PENTACLES

---

* 중세 시기 귀부인들의 경우 자신 소유의 영지를 별도로 경영, 소유할 수 있었으며, 현대 중동, 인도의 경우 결혼 당시 처가가 가지고 온 지참금은 원칙적으로 부인에게 그 재량권이 부여된다.

** 합스부르크는 이런 방식을 이용한 결혼 동맹을 통해 동네 유지 수준의 세력을 신성로마제국의 황위로까지 성장시켰다. 문갑식, 〈합스부르크 왕가의 興亡〉, 프리미엄 조선, 2015년 1월 15일 자.

*** 가정 내의 아동·노인 학대등을 예로 들 수 있으며, 옆집 이웃이나 직장 동료에 대한 험담이나 잘못된 정보를 전파하는 경우를 예로 들 수 있다.

장미 덩굴 마법사 카드와 동일하게 비밀, 허가받은 이들만이 접근할 수 있는 공간임을 뜻하나, 이 카드에서는 그림 속 인물의 역량, 기반에 대한 정보가 기밀성을 요하거나 내부 인물이라 하더라도 이 인물의 허가/초대 없이는 이 사람의 기반/내실에 대한 세부 정보에 접근할 수 없음을 뜻한다.

의자의 부조(과일, 임산부) 이 부조는 그림 속 인물이 다른 상징들을 통해 제시된 방법들을 이용해 어떤 목표를 달성해낸 사람인지 표현하며, 이 방법들을 통해 자신이 소유하거나 다른 사람들에게 인정받을 수밖에 없는 결과물을 잉태해 기반/역량을 증명해낸 사람임을 뜻한다.

의자의 부조(염소) 점성술 상징을 차용했다. 염소자리의 의미와 성격을 이해한다면 그림 속 인물이 이 기반을 어떻게 형성·유지·관리할 수 있는지 표현하고 있음을 이해할 수 있다. 이는 곧 염소자리 특유의 보수적이고 긴 시간 동안 축적되나 그만큼의 인내를 요하는 고전적이고 가장 확실한 방법을 고집하는 성향을 통해 이루어냈음을 의미한다.

(산)토끼 토끼는 다산, 풍요, 색욕, 예민함을 상징하며 이 상징이 의미하는 방법을 통해 그림 속 인물이 어떤 방식으로 이 기반을 얻었는지 묘사한다.[18]

QUEEN *of* PENTACLES(이하 Qp)는 자신이 속한 기반을 운영·관리해 유지·발전시키려는 인물/상황/분야를 의미한다.

이런 요소들은 Qp의 역량이 Np와 달리 자기 자신을 넘어 같거나 비슷한 기반에 있는 사람들에게도 영향력을 미칠 수 있다는 점을 강조하기 때문이다. 즉, 최소한 자신이 대표자로 자리매김하지 않았더라도 해당 기반의 실무자 위치를 확고하게 점하고 있음을 뜻한다.

그러나, 완숙에 다다르진 못했기에 자신이 행하고 있는 운용/유용 방식이 제대로 정제되지 않았거나 기술적으로 증명되기보다 경험에 의존하는 방식을 택하는 경향이 많다.

Qp의 이런 면모는 그림을 통해 더욱 구체적으로 묘사된다. 이는 토끼의 의미인 다산을 통해 이 수트와 관련된 것(동산, 부동산 등의 재화)을 이용해 기반을 늘리고 더욱 견고히 해나가며, 이 과정에서 그 효과가 비교적 덜하더라도 위험도가 적으며 장기적으로 끈기 있게 달성하는 방식을 통하기 때문이다. 이에 더해 더욱 전통적인 방식을 통해 이런 입지를 구축하는 것을 설명하고 있는데, 이는 부조에 배치된 점성술 상징인 염소를 통해 의미가 결합된다.

나아가 이런 방식을 통해 얻은 기반을 다른 사람들을 비롯해 권한 없는 이들에게 은폐, 은닉해 자신의 기반을 위험에 노출시키지 않는다는 점을 장미 덩굴로 묘사한 것이다.

이는 그림에 드러난 토끼를 통해 확연히 묘사되고 있다. 이는 토끼가 의미하는 다산을 통해 자신이 운용하는 자금과 기반을 점진적으로 늘려나가는 행보를 밟으며, 이 과정에서 발생할 수 있는 위험들을 회피하거나 분산시켜 위기를 극복해나갈 것을 그림을 통해 조언한다. 이런 좋은 예로 가계부를 쓰는 가정주부를 들 수 있다.

보편적으로 알려진 주부들의 축재 방법이나 자산 관리 방식은 영세한 규모로 이루어지며, 이 과정에서 해당 자산들의 결재 권한이나 독자적인 유용이 불가능하거나 상당 부분 결재권이 제한되는 경우를 통해 이해할 수 있다.[*]

***

[*] 가정 주부들의 전형적인 축재 방식이자, 회계/경리 분야의 업무가 이에 해당한다. 경리Book-Keeping는 경제적 사건을 인식해 장부에 반영, 결산해 재무

또한 이렇게 형성된 자산들은 외부로 드러내지 않거나 Q_P와 비슷한 수준의 이들끼리만 공유되는 경향이 있기 때문이다.

이런 방식들은 토끼의 생태 중 다산, 외부 요소에 대한 예민한 경계를 통해서도 확인할 수 있다. 다산은 비록 소소하나 많은 기회와 방법을 통해 기반을 조금씩 늘려나가는 모습으로 이해할 수 있으며, 외부 요소에 대한 경계심을 강화하는 모습은 토끼의 생태를 통해 이해할 수 있다.*

그러나 이런 요소가 부정적으로 적용된다면 내부에서 자신의 입지를 이용해 다른 이들을 핍박하거나 조리돌리는 경우로 발전하며, 위험 분산에 실패하거나 책임을 회피하려다가 더 큰 위험에 빠지는 등의 문제를 발생시켜 스스로의 기반, 권위와 영향력을 잃어버릴 수 있다는 점을 경고한다.**

Q_P는 그렇기에 자신의 기반이 되는 것/곳의 안정성을 자신이 취할 이득보다 중시할 것을 요구하며, 자신의 한계와 책임을 명확히 설정해 월권행위를 하지 말고 직분을 다할 것을 조언한다. 나아가 기반이 흔들릴 때를 대비한 회피/도주로를 마련하는 데 주의를 기울임과 동시에 투기, 도박과 같이 안정을 해하는 요소들을 멀리할 것을 강조한다.

재료를 만들고, 회계Accounting는 이를 활용해 의사 결정에 유용한 정보를 생성·분석·전달하는 업무이다.

* 유럽 토끼(또는 굴토끼)는 위험에 대비해 청각이 매우 예민하며, 그물같이 연결된 땅굴을 파 탈출로를 많이 구성해 포식자들의 위협에서 쉽게 벗어날 수 있게 대비한다.

** 이런 측면은 조선시대 궁녀들의 삶을 통해서도 엿볼 수 있다.
한희숙, 〈궁녀의 삶〉, 한국문화재재단, 2016. 6.

연금술 Qp는 물질적인 가치를 지닌 요소들로 구성된 자신의 안정적이고 폐쇄적인 공간, 기반, 역량을 유지하는 데 집중해 더 수준 높은 영향력을 발휘하는 것이다.

또한 자신의 본거지인 성Soul에서 숲Spirit 방향으로 시선을 두고 있음(←)을 묘사해 이렇게 만든 기반을 통해 자신의 의지나 목표를 달성할 수 있을 것이라 염원, 노력하는 중임을 뜻한다.

그러나 그 방향이 숲을 직시하지 않고 품 안의 오망성에 초점이 맞춰짐으로써 Qp가 자신의 목적보다 물질적인 것들을 축적하는 데 그칠 수 있다는 점을 강조하고 있다.

이로 인해 Qp는 자신이 얻은 기반을 더욱 강화하고자 내부적으로 보강을 계속하고, 자신의 역량을 노출시키지 않은 채 목적을 달성할 수 있음을 뜻한다.

이와 달리, 과욕을 통제하지 못해 쉽게 이득을 보려고 무모한 시도를 하다가 낭패를 겪거나 자신의 기반/수준을 무분별하게 노출해 타격을 입거나, Qp의 목표/의지가 외부에 누설돼 자신이 원하는 바를 달성하지 못할 수 있다는 점을 경고한다.

카발라 카발라주의의 관점에서 Qp는 물질계(제4계)의 비나에 대응된다.

그렇기에 Qp는 모든 물질적인 가치를 가진 것으로 인식되는 요소들에 다른 모든 사람이 공감하고 이해하는 요소가 무엇인지 이해하고 있으며, 이를 '다른 사람들에게 빼앗기지 않고 싶어하거나 자신의 영역에 안전하게 확보되길 바라는 것'이 가치 있는 것이라고 역설한다.

이는 제4계가 분쟁이 끊이지 않고 서로 악다구니 쓰며 다투는 전장이기에 이런 의미를 부여할 수 있는 것이다.

이런 연유로 Qp는 스스로 원하는 것을 할 수 있게 도와주는 수준이 아니라, 사람들이 자신의 일부를 희생시키는 한이 있더라도 Qp가 원하는 바를 들어줄 수 있는 것을 지니고 있으며, 이를 더 확보하고자 여러 비밀스러운 수단을 내부적으로 고심하고 있는 모습으로 표현된다.

이는 일견 당연한 생산/경제 활동으로 여길 수 있으나, 궁극적으로 불균형을 초래하며(예: 부의 편중), 이를 악용해 강제적으로 다른 사람을 굴복시키는 등의 행위로 목적을 이루려 한다면 자신의 모순점과 숨겨왔던 내부 사정이 폭로돼 위신이 실추될 수 있음을 경고한다.

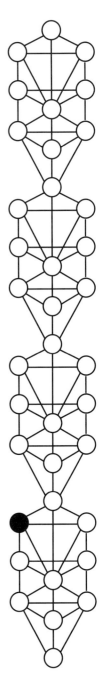

점성술 헤르메스주의의 관점에서 Q♀는 염소자리♑에 대응된다.

라이더-웨이트 덱의 경우 Q♀가 앉아 있는 옥좌의 부조를 통해 그 의미를 동일하게 묘사했다.

염소자리는 땅 속성의 세 별자리 중에서도 활동적Cardinal인 성향을 띠고 있다고 설명되며, 나아가 실체를 가지거나 자신이 직접 보고 목표로 삼은 것에 대해 끈기를 가지고 현실적인 체험을 쌓아간다고 표현한다. 이는 Q♀가 어떤 과정과 노력을 거쳐 물질적 기반을 쌓았는지 설명한다.

그러나 염소자리는 권위주의적 성향이 내재하기에 자신보다 못하거나 속칭 '급이 안 맞는' 이들에게 냉담하고, 현실주의적 사고관을 가지기에 더 뛰어난 성공이나 모험적인 수단을 회피하려 들 수 있다는 점을 경고한다.

KING *of* PENTACLES.

물질주의(자), 보수주의(자), 상속인
Materialist, Conservative, Heir

왕은 자신의 왕국에 속한 모든 것의 주인이다. 이를 계승한 자 역시 별다른 문제 없이 상속에 성공한다면, 왕국의 모든 것들을 이용해 자신의 힘으로 부릴 수 있는 막대한 권위와 역량을 확보하게 된다.*

이는 곧 실권, 지위를 모두 누리는 현실적인 지배자이자 자신의 말로 권력을 순식간에 창출해낼 수 있는 자가 곧 왕이기 때문이다.

그러나 그런 것 없는 자들이 왕을 참칭하거나 권력을 상실해 유폐/폐위당할 경우 그 말로는 처참하기 그지없으며, 그렇기에 이를 유지하기 위한 요소로써 어떤 것들을 중요하게 여겨야 하는지 이 카드는 그림을 통해 표현하고 있다.**

이는 카드의 주된 의미인 유복자, 상속자, 지배자, 사장, 게으름, 나태 등의 의미에 큰 영향을 미친다.

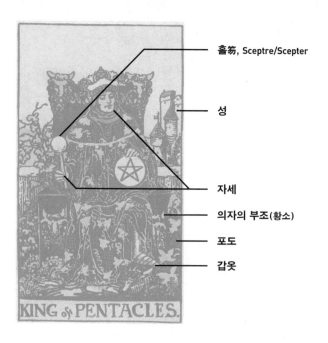

홀笏, Sceptre/Scepter

성

자세

의자의 부조(황소)

포도

갑옷

KING of PENTACLES.

---

* 이를 원활히 하기 위해 중세-근대 시기에 만들어진 논리가 왕권신수설이다. 이로써 각 왕국의 통치자들은 왕의 권위를 신성불가침적 영역에 닿게끔 만들었으며, 다른 이들의 개입·간섭을 배제하는 요소로 이용했다.

공진성, 『존 로크 통치론』, 쌤앤파커스, 2018.

** 일본 전국시대 이후 성립된 에도 막부가 장기 집권에 성공한 것은 이런 권력의 생리를 간파한 도쿠가와 이에야스德川家康의 조치 때문이다. 그는 통치자가 권력을 유지하기 위해 필요한 것이 무엇인지 정확히 통찰해내었는데, 전임자인 도요토미 히데요시豊神秀吉의 칼사냥刀狩り을 더 강력히 시행해 국가 내부의 무력을 정권에 집중시켰으며, 산킨쿄다이參勤交代를 통해 지방 영주에 대한 통제권을 유지함과 동시에 충성도에 따라 영지를 분배해 정권을 안정시키는 데 성공했다.

홀笏, Sceptre/Scepter 권력, 권력에 따른 역량 행사를 뜻한다. 이 인물이 최소한 어떤 집단/단체의 대표자라는 점을 강조한다. 이 그림에서는 보주Orb와 결합해 자신의 기반(성)에 속한 모든 물질적 부산물에 대해 권리를 행사할 수 있는 사람임을 표현한다.[19]

성 완성된 기반이자 굳건한 기반으로 그림 속 인물이 이를 달성·유지·통치하고 있음을 의미한다.

자세 그림 속 인물은 지긋이 오망성을 내려다보고 있으며, 한 손으로 편히 이를 다루고 있다. 이런 자세는 기본적으로 자신의 기반, 역량에 휘둘리지 않고 자신의 뜻으로 이를 능히 통제할 수 있다는 점을 강조하며, 그 과정에서 강제적인 수단을 사용할 필요조차 없는 수준을 보여주기 위한 구도다.

의자의 부조(황소) 고대 서양에서 풍요의 신 바알Baal의 상징이었던 황소는 강력한 생산력을 기반으로 하는 풍요를 의미한다. 점성술 상징으로서 황소는 곧 황소자리를 의미하며, 보수적이고 견고한 기반과 방식을 통해 자신의 역량을 갖추어야만 이와 같은 위치에 올라설 수 있음을 상징한다.[20]

포도 번영과 풍요의 상징으로 쓰였으며, 본래 의미인 지혜는 자신의 기반과 역량을 관리해내는 사람으로 표현하고자 그려졌다.[21]

갑옷 머리를 제외한 전신 판금 갑옷Full plate armor을 통해 이 인물의 기반이 확고하며, 이를 방비하고자 늘 최상의 대비를 하고 있다는 점을 강조한다.

KING *of* PENTACLES.(이하 Kp)는 자신이 지닌 물질적/현실적 기반의 대표자이자 소유자를 의미하며, 이를 이용해서 자신의 권위와 다른 사람들에 대한 통제력을 행사하며 기반을 더욱 확고히 만드는 인물/상황/분야를 의미한다.

이런 Kp의 모습은 그림을 통해서도 쉽게 이해할 수 있으며, 그중에서도 특히 오망성을 쥐고 있는 손의 모습을 통해 이를 더 명확히 파악할 수 있다.

Pp - Np - Qp - Kp 그림 비교 대조

Pp는 제대로 쥐지도 못해 두 손으로 받쳐 들고 있으며, Np는 한손으로 받쳐 들고 있으나 명확히 움켜쥐지 못한 것을 확인할 수 있다. Qp는 품에 안고 있으나 시야가 오망성에 제한돼 있다는 점은 시사하는 바가 크다. 그러나 Kp는 한손으로 여유롭게 오망성을 지그시 내리누르듯 쥐고 있으며, 시야와 표정도 느긋하다는 것을 발견할 수 있다.

Kp가 취하는 이런 모습은 친근하고 편한 이들에게 주로 사용되거나, 이 제스처를 취한 인물이 당한 인물을 지배하거나 우위에 있음을 드러내는 표현법 중 하나다.*

나아가 Kp는 풍요롭고(포도) 확고한 안정성을 보유한(성) 권위자(홀)의 묘사를 통해 그림 외의 설명이 추가로 필요하지 않을 정도로 의미를 명료하게 표현했다.

---

* 이런 제스처는 보통 부모와 아이, 연인, 신관과 신도 등 특수한 관계에서 가능하며, 그 외의 경우에는 이를 문화적으로 금지하거나 터부시하는 경우가 많다. 태국의 경우 머리를 만지는 제스처는 중대한 금기 중 하나다.

이런 표현을 통해 Kp는 '가진 것에 걸맞는 권위와 명예'를 의미하며, 이를 토대로 현실적인 지배자로서 군림하는 사람임을 확인할 수 있다.

그러나 부정적인 면모가 부각되면 황금만능주의 또는 다른 사람이나 다른 분야에 대한 몰이해 때문에 자신의 사고방식이나 기반의 유동성이 경직된다.*

Kp는 가진 것도 없이 권위를 부릴 경우 이는 곧장 나태, 태만의 의미로 연결된다. 이는 곧 가진 게 없기 때문에 아무것도 하지 않으려 하거나, 해야 할 일들을 단순히 귀찮다는 이유만으로 하지 않아 스스로와 주변에 피해를 끼치는 천덕꾸러기로 전락한다.

이런 Kp의 긍정적인 면모를 부각시키려면 자신의 권위를 높이기 위해 다른 사람들이 고귀하게 여기거나 숭앙하는 유·무형적 가치를 대상으로 자신의 기반을 후원하거나 과감한 투자를 해야 하며, 이런 행위가 자신에게 체감되지 않더라도 사람들에게 Kp의 품위를 인정받는 좋은 방법임을 역설해야 한다.** 반대로 Kp가 자신의 현실적/물질적 우위를 바탕으로 남을 겁박하거나 이를 빌미로 상대를 유혹/협박하면 사람들의 지지를 잃고 서서히 고립돼 고사하는 상황으로 치달을 수 있다는 점을 경고해야 한다.***

Kp는 그렇기에 자신의 기반이 오롯이 스스로만의 것이라는 착각

* 제국주의 시기 영국의 잘못된 행정 처리 때문에 발생한 세포이 항쟁Sepoy Mutiny을 예로 들 수 있다. 이 항쟁은 이슬람에 대한 몰이해로 벌어졌으며, 그 세부 내용은 탄피에 사용돼 돼지, 소의 기름 사용 여부를 영국이 명확히 해명하지 못하면서 더욱 확산됐다.

** 일례로 삼성 그룹의 창립자인 이병철은 특유의 사업 철학을 기반으로 문화 사업에 많은 투자를 했으며, 호암미술관을 시작으로 호암아트홀, 리움미술관으로 이어진다. 호암미술관은 간송 전형필의 간송미술관, 호림 윤장섭의 호림박물관과 함께 국내 3대 사립 박물관으로 손꼽힌다.

*** 이런 좋은 예로 젠트리피케이션Gentrification을 들 수 있다. 독특하고 다양한 취향과 저렴한 임대료가 형성돼 있던 지역의 (수요 과잉을 빌미로)임대료를 상승시켜 기존의 문화를 만들어왔던 이들이 떠나고, 특색이 사라진 지역은 점차 수요가 떨어져 다시 공실률이 증가하며 거리가 황량해지는 현상이다.

에서 벗어나야 한다는 점을 경고한다. 기반 장악의 목적이 물질 확보에만 있지 않다는 점을 자각하고 이를 같이 향유하거나 다른 방식을 통해 스스로의 권위를 끌어올려 자신의 부를 사람들이 어떻게 인정하도록 만들어 권위를 얻어낼지에 대한 방법론적인 고민을 계속할 것을 그림을 통해 강조한다.

나아가 이렇게 더욱 견고해진 기반을 통해 세상에 한 획을 그을 수 있다는 점을 깨달을 수 있도록 조언해야 한다.

연금술 땅의 정점에 도달한 Kp는 자신의 의지Spirit대로 스스로 통제·지배·소유하고 있는 물질적 가치를 가진 기반을 토대로 자신을 비롯한 기반 안 모두의 혼Soul을 아우르는 수준(→)에 닿은 상황을 표현한다.

이로써 Kp의 물질적 기반이 확고하며, 대를 이어 계속 사람들의 인정과 승인을 받아 누구도 쉬이 의심할 수 없는 영역에 도달했음을 강조하며, 스스로도 자신의 기반을 강화·유지·보수해나가려 기존에 쌓아왔던 권위를 잘 활용하고 있다는 점을 표현했다.

특히 그림을 통해 의지Spirit를 공감Soul에 투사하는 데 성공했음을 직접적으로 묘사하는데, 이는 시선의 높낮이가 보여주는 대비에 있다.

Pp – Np – Qp – Kp 그림 시선 높이

그림을 통해 비교하더라도 점차 위에서 아래로 물질(오망성)을 더 능숙하고 쉽게 다루는 것을 알 수 있으며, 그렇기에 Kp는 해당 분야의 (유·무형적인)물질적인 가치를 소유하고 지배하는 이라는 점을 알 수 있다.

그렇기에 Kp는 자신의 지배력을 현실적으로 확장하면서 빠르게 이를 이룰 수 없다는 점을 자각해야 하며, 긴 시간 또는 수많은 서사가 누적돼 쌓인 가치여야만 다른 사람들의 절대적 지지를 얻어낼 수 있다는 확신을 저버리지 말 것을 조언한다.

다른 한편으로는, 물질에만 의지한 나머지 천박하고 가벼운 행위를 저질러 자신의 가치가 지닌 고귀함을 스스로 내팽개치지 않도록 경고한다.

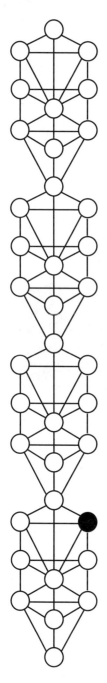

카발라 카발라주의의 관점에서 Kp는 물질계의 호크마에 배정된다.

이를 통해 Kp는 모든이들이 인정하지 않을 수 없는 권위를 상부 세계에서 내려받은 존재이자 이 권위로 하여금 모든 물질(하위 세피라들)의 가치를 가늠할 수 있는 기축통화와도 같은 수준에 있음을 뜻한다.

그렇기에 Kp는 모든 물질에 대한 가치를 부여할 수 있으며, 이를 통해 자신의 분야에서 생성되는 모든 재화와 부가가치를 이끌어내는 수준의 역량을 지닌 사람임을 묘사하고 있다.

그러나 이를 뒷받침할 실적/결과물이나 실질 가치가 그에 맞지 않다면 발전 동력이 사라지며, 자신의 기반을 비롯한 관련 분야가 완전히 쇠퇴 일로를 걷게 될 수 있음을 경고한다. 그렇기에 스스로 가진 가치를 더욱 고귀하게 보존하기 위해 어떤 노력을 할 수 있는지 궁리할 것을 조언한다.

점성술 Kp를 묘사하면서, 라이더-웨이트 덱은 옥좌의 황소 부조를 통해 황소자리♉의 의미 일부를 이 카드가 취하고 있음을 그림을 통해 알리고 있다. 이는 훗날 제작된 크롤리의 토트 덱에도 동일한 별자리가 배치돼 있는 것으로 확인할 수 있다.

황소자리는 땅 원소의 세 별자리 가운데 고정적Fixed이고 보수적인 성향을 띠고 있다고 알려지며, 이로 인해 견실하나 보수적이고, 순하고 느리나 우직하게 밀어붙여 땅에 뿌리를 내리듯 성장하는 성향을 보인다고 설명한다.

그렇기에 코트 카드 16장 가운데 가장 안정적이고, 움직이지 않되 견고하고 방어적인 성향을 띠도록 그림에도 묘사돼 있다.

이는 실제 Kp의 의미인 사업 재능, (다른 사람들이 가치 있다고 여기는)경험을 통해 자신의 기반을 닦아낸 사람이라는 의미와 일맥상통한다. 그러나 반대로 그 실속을 제대로 챙기지 못하고 허세에 젖어버리거나 자신의 재능을 나태하게 썩히는 모습 또는 응당 해야만 하는 책무를 저버리거나 방기함으로써 자신의 위신을 실추시킬 수 있다는 점을 경고하는 것도 그림 묘사와 동일한 요소를 포함하고 있다.

코트 카드 16장에 대한 소론

타로카드의 발전을 위한 제언

많은 이가 코트 카드 16장을 이해·해석·접근하기 어렵다고들 한다. 이는 메이저 아르카나 22장이나 핍 카드(Ace~10) 40장과 다른 구조 및 관점을 적용하고 있기 때문이다.

클래식 타로 이전의 덱들에서도 코트 카드 16장의 구조는 별다른 변경이 이루어지지 않았음을 여러 문헌에서 확인할 수 있다. 아서 에 드워드 웨이트(이하 웨이트)도 이런 구조를 해체·분석하거나 재해석 하지 못한 채 기존의 방식을 답습했음을 『타로의 그림열쇠』에서 언급할 정도다. 이후 샤를 6세의 덱이 발견되면서 섣부른 개조나 변화를 주지 않은 그의 판단이 비교적 옳았음을 보여준다.*

그렇다면 웨이트 이전에는 이 코트 카드들을 어떻게 이해했을까? 기존 관점을 집대성했다고 평가받는 제라르 앙코스Gérard Encausse (필명 파퍼스Papus)는 자신의 책 『보헤미안 타로 The Tarot of the Bohemians』에 서 테트라그라마톤의 네 문자를 각 코트 카드에 대응시켰으며, 이 주 장에 대해 당대의 다른 연구자들도 어느 정도 동의했던 것으로 판단 된다.**

그러나 이는 어디까지나 카발라주의와의 결합에서 그칠 뿐, 코트 카드의 핵심 구성 원리를 논하지 않으며, 이 네 장의 계급 구조(P-N-Q-K)가 왜 성립돼야 하는지를 구체적으로 논하지 못한 점은 아쉬운 부분이다.***

* 나는 줄곧 타로카드가 유희용 도구이자 귀족들의 학습 도구 또는 각 귀족가 의 역사나 계보들을 담는 도구로 쓰였다는 가설을 주장했다. 이는 샤를 6세의 타로카드나 비스콘티-스포르자의 덱의 구성이나 명칭, 의미가 다르다는 것에 근거를 둔 가설이다.
임상훈·황민우, 『초보자를 위한 타로카드 올바른 안내서』, 서로빛나는숲, 2018, 17-18쪽.

** 이는 웨이트가 자신의 저작에 해당 내용을 기록한 것으로도 쉽게 확인할 수 있다.
A. E. Waite, *Shadows of Life and Thought*, 1938.

*** 웨이트는 개괄적인 부분을 제한 파퍼스의 주장 대부분을 회의적으로 받아 들였으며, 이는 『보헤미안 타로』를 비롯한 기존 내용과 완벽히 결별하는 수순 을 거치게 된다. 그는 『보헤미안 타로』를 영역한 후기에 명백히 '기존에 없던 수정을 마친 새로운 (타로카드)점법(라이더-웨이트 덱+『타로의 그림열쇠』)'을 언

누구의 주장도 명확한 근거 없이 계속 표류한 현실에서, 웨이트가 코트 카드의 구성에 대해 결론을 내리지 못한 것은 그럴 만한 이유가 있다고 이해할 수 있으리라.*

그렇다면 코트 카드의 구성 원리를 이해하는 데 필요한 것은 무엇일까?

나는 중세 유럽의 사회 구조와 문화를 언급하고자 한다.

중세, 그것도 기사 계급의 몰락이 가시화되기 이전의 궁정 생활은 타로카드의 코트 카드와 동일하게 구성됐기 때문이다. 유명한 전설 속 왕이나 현실의 정복 군주가 스스로 기사라는 정체성을 띠고 있었다는 사실로 이를 쉽게 증명할 수 있다.** 이로써 타로카드가 플레잉 카드보다 먼저 태동했음을 확인할 수 있다.***

위의 설명으로 코트 카드 형성의 문화적 배경을 일차적으로 이해할 수 있을 것이다. 그렇다면 라이더-웨이트 덱과 같은 단체에서 만들었다고 하는 토트 덱은 어째서 구조적으로 다르며, 이름을 바꿀 정도로 의견이 갈라진 것일까?

이를 추적하려면 결국 황금새벽회의 발자취를 따를 수밖에 없다. 라이더-웨이트 덱이 나올 시점에 이미 이 단체는 분열하고 있었으

급하며 이를 시사한다. 나아가 파퍼스의 영향은 이후 클래식 타로의 해석에도 그 영향력이 점차 사라지기 시작하며, 최종적으로 마이너 수트의 묘사가 진행되면서 타로카드를 사용하는 대부분의 사람이 웨이트의 주장에 동의하는 양상을 띤다.
제라르 앙코스, 『보헤미안 타로』, 도서출판 타로, 2014, 399쪽.

* 심지어 그 또한 알비파 기원설을 무리하게 주장했으나, 이는 당대뿐 아니라 후대에도 그리 폭넓은 지지를 받지 못했다.

** 아서 왕의 전설에서 아서 왕도 원탁의 기사의 일원이다. 카를 대제도 정복 군주로서의 위업과 전사-기사의 정체성을 강하게 부각해왔다. 이는 『롤랑의 노래』와 그 자신이 문맹이었던 사실로 인해 더욱 쉽게 강조될 수 있었다. 사자심왕 리처드 1세 또한 기사의 우두머리이자 그 자신의 무용담이 이슬람 문화권의 사료로도 검증된다.

*** 플레잉 카드 또는 트럼프라고 부르는 이 카드 덱은 잭, 여왕, 왕으로 구성되는데, 이는 최소한 기사 계급의 몰락과 절대왕정이 보편화된 시기의 산물로 이해할 수 있다.

며, 이 분열은 단순하다고 보기에는 매우 이질적인 요소가 있었음을 확인할 수 있기 때문이다.

분열이 시작된 가장 큰 원인은 어떤 특정 인물 때문이라기보다는, 황금새벽회를 구성했던 회원들조차 물과 기름같이 섞이기 어려웠기 때문이었다.

영국의 풍자 잡지《Punch》의 삽화, 19세기 후반

위 그림은 황금새벽회를 비롯한 수많은 오컬트 단체에 대한 풍자였다. 이런 촌극과 같은 모습을 확인할 수 있는 예로, 황금새벽회의 수장이던 맥그리거 매서스가 자신이 자동기술법으로 라이더-웨이트 덱의 그림을 하룻밤 만에 그려냈다고 말하거나, 테트라그라마톤 YHVH의 발성법을 알고 있다는 등의 발언을 한 것을 들 수 있다. 그 자신도 독선적인 태도 때문에 황금새벽회의 수장직을 박탈당하는 등, 단체 안에서 잡음이 끊이지 않았다.

이런 분열 속에서 작품 활동에 영감을 얻거나 철학적 사유를 추구하고자 했던 창작자 집단이 대거 이탈하는 현상이 벌어진다. 윌리엄 버틀러 예이츠를 비롯해 수많은 창작자가 알게 모르게 황금새벽회에서 이탈하기 시작했으며, 결국 기존의 심령·오컬트주의자들만이 남아 각자 분화를 거치며 명멸했다.

그중 남은 유명한 이들은 윌리엄 윈 웨스트스콧William Wynn West-cott, 알리스터 크롤리Aleister Crowley, 다이온 포춘Dion Fortune 정도로 알려져 있다.

이런 시점에서, 타로카드에 대한 이론 정립이 어려울 수밖에 없었음을 짐작할 수 있을 것이다.

라이더-웨이트 덱은 이런 과도기에 발표된다. 이 덱은 모던 덱을 완성했다는 평가를 받으나, 다음과 같은 비판점이 있다.

첫째로, 기존 구도를 답습한 점을 들 수 있다.

1908년 대영박물관에 전시됐던 솔라-부스카Sola-Busca(1491, 밀라노*) 덱의 몇몇 이미지를 거의 그대로 차용했으며, 이 과정에서 자신들이 어떤 덱의 영향을 받아 이를 설계했는지 설명하지 않았다는 점은 비판받아 마땅하다(다만, 전통적인 방식으로 제작했다고 언급했다). 이들은 이 덱의 그림에서 많은 부분을 그대로 답습하거나 구도와 상징을 변경해 라이더-웨이트 덱을 구성했다.

둘째로, 세계대전 이전의 낭만주의 사조**를 기준으로 형성된 '자신의 내면을 갈고닦아 완성해 신과 합일 또는 지고한 영역의 도달을 통한 영적 상승'을 표현하려 낮은 단계(PAGE)부터 높은 단계(KING)로 수직적 상승을 표현한 데 동의한 것이다. 그러나 이 가설은 마성적 관념론(『초보자를 위한 타로카드 올바른 안내서』의 「타로카드 그림열쇠에 대한 소론」 참고)으로 인해 더 현실적이고 일상적으로 '매우 당연한 것'으로 묘사한 탓에 그 본의가 정확히 어떻게 되는 것인지 전달하지 못했다는 점을 비판할 수 있다.***

* 이 덱은 현재 발견된 덱 중 최초로 78장 전부를 그림으로 묘사한 덱이다. Stuart Kaplan, *Encyclopedia of Tarot Vol. 3*, *U.S.Games system*, 1990, pp. 30-32.

** 낭만주의 사조를 쉽게 풀어 설명한다면, 한 사람의 삶을 관통한 끝없는 의지 또는 어떤 이상적 가치에 대한 추구가 많은 것을 바꿀 수 있으리라는 사상에 닿아 있다고 할 수 있다.

*** 낭만주의 사조가 잘못 연계된 결과, 군사적으로는 엘랑 비탈élan vital 교리가 생겨나고 참호전에서 수많은 청년의 피가 흘렀으며, 정치적으로는 히틀러라는 괴물을 낳았다. 직접적인 연관성을 느끼지 못하겠다면, 19세기 독일에서 이미 반계몽주의 담론으로서 낭만주의 운동이 활성화된 현실과 이를 연계해

두 차례의 세계대전이 끝나고, 서구 사회는 자신들의 모든 우월성, 신비함, 문화에 대한 회의론이 일어났다. 찬란하고 좋았던 시절Belle Époque이 모두 위선과 허황된 신기루와 같은 것임을 자각하자, 낭만주의 사조는 급속도로 위축됐고, 종교의 입지는 크게 흔들리기 시작했다.* 이 때문에, 라이더-웨이트 덱의 제작자들은 자신들의 의도를 제대로 설명할 기회조차 없이 사라질 수밖에 없었다.

그렇다면 오컬트주의자들은 어떤 대안을 만들었는가?

사실 그들도 그리 명확한 대안을 꺼내지 못했다. 알리스터 크롤리의 토트 덱(당시에는 이집트Egyption 덱이라고 소개됐다)은 이런 오컬트-헤르메스주의자들의 주장을 적극적으로 받아들인 결과물이라 할 수 있는데, 특이한 점은 1944년에 덱의 설계를 완성했으나 실제 발매한 것은 크롤리 사후인 1969년이었다는 것이다.

그는 타로카드에 헤르메스주의를 결합하려는 시도를 성공적으로 이행한 것으로 평가받으나, 이는 어디까지나 우호적 관점에서의 평가일 뿐이다.

크롤리 개인도 수많은 논란을 빚으며 신빙성이 퇴색됐으며, 타로카드의 구조를 개변하면서 황금새벽회의 구조와 상징을 제대로 부각하지도 못했다는 점은 시도의 성공 여부를 떠나 비판받아 마땅한 요소라 할 수 있다. 나아가 이에 동조한 이들도 이런 비판적인 시각에서 벗어날 수 없을 것이다.

그러나 이런 그의 시도들은 앞서 언급했듯이 제대로 구현되지도 못한 채 표류했으며, 다양한 요소를 결합하려는 과정에서 덱의 완성도를 끌어올리려 애쓰는 만큼 타로카드로서의 개성은 해체돼버렸다는 점을 지적할 수 있다.

이해해볼 것을 권한다.

* 이는 당시 교황이던 비오 12세의 애매한 처신과 결부돼 기존 종교들에 대한 회의까지 이어진다.

토트 덱은 왜 이런 문제가 생긴 것일까?

두 차례에 걸친 전쟁으로 인해 만연한 회의주의는 종교에도 들이닥쳤으며, 사람들은 이제 기존 종교가 아닌 새로운 대안을 찾으려 애썼다.

크롤리를 비롯한 오컬트주의자들은 기존 종교의 대안으로 헤르메스주의를 내세웠으며, 부족하거나 진부한 기존 내용을 보완하고자 서양이 아닌 동양으로 눈을 돌리기 시작했다. 이런 흐름은 뉴에이지 New Age 운동으로 불리며, 1969년의 우드스톡 페스티벌을 정점으로 크게 흥성했다. 토트 덱의 발매 시기와 겹치는 것이 우연의 일치라고 말하기엔 너무 작위적인 이야기일까?

하지만, 그런 그들의 논리를 따른다면 과거의 지혜는 사라졌거나 부정해야 하는 것들이었다. 기존 상징들은 두 차례의 세계대전 동안 오염되거나 터부시됐으며, 빈자리를 채우려고 틀에 맞지 않는 무리수를 둔 나머지 이집트 기원설을 정면에 대두시킨 것이 문제라 할 수 있다.

그 이후, 타로카드는 발전을 멈춘다. 뉴에이지 운동이 현실을 변화시키지 못한 시점과 함께 발전의 동력을 상실한 것이다. 이들마저도 대안을 만들지 못했고, 그 과정에서 코트 카드 16장의 의미와 배치 방식은 더욱 심하게 오염됐다. 전통의 의미는 소실되고, 되레 그 빈자리를 너무나도 많은 것들로 접합하려 한 나머지, 원형이 상실되는 지경에 이른 것이다.

타로카드, 그중에서도 특히 코트 카드 16장의 이해가 어려운 것은 이런 흐름 속에서 누구도 이를 설명하려 하지 않거나, 편협한 시각으로 신비주의적 관점만을 강요했기 때문이다. 이를 해결하지 않는 한, 타로카드 분야에 '포스트모던'은 오지 못한다.

그렇다면 이를 어떻게 해결해야 할까?

여러 가지 방법이 있겠지만, 나는 다음과 같은 대안을 제시하고자 한다.

첫째로 신비주의의 배제다(여기서 말하는 신비주의는 엄밀히 말하면 유사 신비주의자들을 말하는 것이다). 신비주의만으로 모든 것을 설명할 수 없으며, 되레 명확한 답을 회피하거나 이를 악용해 자신들의 이익을 사취하려 드는 이들을 걸러내기 위한 기준선을 마련해야 할 것이다.*

둘째로 자신들이 보유했다고 주장하는 개념들에 대한 탐구, 연구, 학습 미비다.

타로카드를 비롯해 모든 신비주의 요소가 섞인 일파의 사람들은 기본에 충실하기에 앞서 자신들의 특별함을 강조하려다가 무리한 수단들을 남발한다. 이론적으로 전혀 맞지 않는 이질적인 것들을 멋대로 혼합해 자신의 독특한 기술로 포장하려는 부류들을 걸러내야 할 것이다.

이를 규제하지 않으면 결국 근거 없는 공허한 주장 때문에 지식의 오류가 확대 재생산되며, 분야 전체에 해악을 끼치기 때문이다.**

나아가 이들은 다른 분야들의 요소를 함부로 섞어 배포하는 과정에서 이를 일반적인 상식이나 진리로 포장하는 경우가 많은데, 수많은 이야기가 일정 부분 유사한 진리를 담고 있으나 그 안의 정체성을 혼재시킨다고 해서 인류 공통의 원형으로 자리 잡기는 어렵다는 점을 간과하고 무작정 이를 실행하려 한다.

이런 탓에 본질과 동떨어지거나 되레 이 모호함을 악용하는 집단까지 출몰하는 것은 분명 문제다.

---

* 대안 종교를 자처하는 대부분의 유사 종교들이 이런 양태를 띤다. 인민사원 집단자살사건(1978), 오대양 집단자살사건(1987)도 이런 문제로 볼 수 있다. 비전 전수나 계시를 대가로 인생을 파탄으로 이끄는 이들도 마찬가지다.

** 역술은 전통적인 기법에서 해석 방식이 바뀔 수는 있으나, 작동 원칙 자체에는 큰 변화가 생기지 않는다. 변화가 있다면 편의성과 정확성을 높이려고 변경되는 경향이 많으며, 대중의 상식적인 판단하에 익숙하게 변화돼간다(켈틱 크로스 배열에서 지시자Significator가 생략된 것도 한 예로 들 수 있고, 우리나라에서 대중심리학이 소비되는 방식 또한 예로 들 수 있다). 이런 폐해는 결국 힐링 타로 등 타로카드의 본질과 거리가 먼 어설픈 장르의 창출에 크게 영향을 끼쳤다. 스콧 릴리언펠드 외, 『유혹하는 심리학』, 타임북스, 2010.

이와 같은 행태가 만연하며, 오컬트-신비주의들은 스스로 기반을 무너뜨리고 있다.

적어도 신비주의 분야에서 뉴에이지는 그 이름에 걸맞지 못하게 새로운 시대를 불러오지 못했다는 점을 인정해야 한다. 수많은 조류가 각자의 원 목적을 잊어 초심을 잃었던 만큼 각 분야가 궁극적으로 무엇에서부터 시작했고, 이를 통해 어떻게 발전하게 됐는지를 상기하고 순수성을 회복하지 못한다면, 신비주의는 대중에게 지금보다 더 허황되고 실없는 소리로 여겨지게 될 것이다.

그렇기에 나는 타로카드와 별 연관 없는 모든 주장을 최대한 배제하고, 다시 정전正典을 구축해야 한다는 결론에 도달했다.

결론적으로, 타로카드는 '그림을 통해 상징을 해석하여 미래를 알아내는' 도구다. 이 점에 착안해 타로카드 총서를 기획했으며, 최선을 다해 타로카드의 상징과 해석을 밝혀가고자 한다.

맺음말

무릇 '무엇을 안다'는 말이 너무 위대하고 막중하다는 것을 잊고는 한다. 이 책을 쓰며, 계속되는 '나는 무엇을 알고 있는가?'라는 질문은 어느덧 '나는 무엇을 모르는지 알 것 같다'는 불확실한 표현으로 변화해갔다.

책을 읽는 분들도 그동안 당연하다고 생각했던 것이나 기본 상식이라고 여겼던 개념들이 사실 모래성처럼 빈약한 논리 구조나 검증 없는 주장의 반복이었을 뿐이라는 것에 놀라거나, 실망하거나, 당황하거나, 분할 수도 있을 것이다.

그렇다고 한들 없는 것을 있다고 할 수 없고, 있는 것을 없다고 할 수 없다.

타로카드 총서를 기획하며, 나는 손자가 논했던 풍림화산風林火山의 기세가 깃들길 바랐다.

그렇기에 항상 명확한 정보를 취합해 알리고자 출처를 확보하려 애썼고, 수많은 상징과 사례를 통해 이 글들을 읽고 배워갈 이들이 잘 습득할 수 있도록 점의 정확성에만 집착하지 않고, 오남용했을 때 어떤 오류들이 발생하는지 보여주려 애썼다.

나아가 왜 이런 학습 방법과 발전 방향을 제시하려 했는지, 내가 할 수 있는 한 이를 최대한 밝히려 했다.

이 과정을 통해 뿌리 깊은 나무처럼 한 분야를 대표할 수 있는 기준을 제시하고 쉬이 이를 변하지 않게 만들고자 다양한 내용을 다루려 애썼다.

물론 이런 노력이 독자 여러분께 어떻게 다가왔는지 나로서는 알수 없다. 그러나 수많은 낭설이 난립하는 가운데, 이런 일들을 책임지고 할 사람이 이 좁고 작은 분야에도 아직 남아 있다고 알리고자하는 마음뿐이었다.

근 10여 년 동안, 국내 타로카드계는 계속 퇴행하고 있다.

그 원인은 다양하겠지만, 이 책을 통해 그 원인 중 하나라도 해결하려 노력하는 움직임이 있다는 것을 알리고자 노력했고, 이제 소기의 성과가 보이기 시작하는 것 같다.

나아가 더 높은 곳을 향해 걸어가는 만큼 그에 따른 충돌과 화합이 계속되겠지만, 이 또한 찻잔 속의 태풍에 그치지 않도록 노력하고자 한다.

이 움직임을 더 많은 사람들이 알 수 있도록 독자 여러분의 많은 성원을 부탁드린다.

'공부한다'는 표현이, 단순히 책만 보고 하는 것이 아님을 우리는 간혹 잊곤 한다. 몇 년을 공부했다고 한들, 그 순수한 시간만을 계산한다면 반토막도 안 되는 시간에 지나지 않는다.

결국 배움은 사람을 이해하는 데서 출발해야 한다.

그리고 사람이 어떤 세상을 만들고, 어떤 생각을 하며, 어떤 조류를 이끌어가는지 주목하지 않으면, 어떤 분야든 편협해질 수밖에 없으며, 결국 몰상식과 몰이해로 빠져들고 만다.

아마 지금 사회에서 일어나는 수많은 사건과 문제도 이런 상황에 놓여 있을 것이다.

이제, 창피하지만 내가 없더라도 이 일을 이어나가줄 수 있는 환경을 만들기 위해 후진을 양성하고 있다.

은영, 유리, 명수, 수정, 경선, 정휘의 계속된 발전을 기원하며, 앞으로도 더 많은 이들과 같이 걸어나갈 수 있도록 노력하고자 한다.

2019년 6월, 물의 근원에서.

임상훈.

미주

1   A. E. Waite, *Pictorial key to the Tarot*, 1910, Part III: The Outer Method of the Oracles, Section 1: Distinction between the Greater and Lesser Arcana.

2   임상훈·황민우, 「타로카드 그림열쇠에 대한 소론」, 『초보자를 위한 타로카드 올바른 안내서』, 서로빛나는숲, 2018.

3   진 쿠퍼, 『그림으로 보는 세계문화상징사전』, 까치, 1994, 169-172쪽.

4   유네스코 지정 인류무형문화유산
    https://ich.unesco.org/en/RL/equitation-in-the-french-tradition-00440

5   http://www.dictionary.com/browse/panache?s=t
    https://en.wikipedia.org/wiki/Panache

6   진 쿠퍼, 『그림으로 보는 세계문화상징사전』, 까치, 1994, 93-94쪽.

7   진 쿠퍼, 『그림으로 보는 세계문화상징사전』, 까치, 1994, 343쪽.

8   진 쿠퍼, 『그림으로 보는 세계문화상징사전』, 까치, 1994, 54쪽.

9   진 쿠퍼, 『그림으로 보는 세계문화상징사전』, 까치, 1994, 197-201, 228쪽.

10   진 쿠퍼, 『그림으로 보는 세계문화상징사전』, 까치, 1994, 201, 300쪽.

11   진 쿠퍼, 『그림으로 보는 세계문화상징사전』, 까치, 1994, 201-202쪽.

12   Kent Archaeological Society, *Archaeologia Cantiana, 1886, Vol. 16*, Forgotten Books, 2017.

13   네이버 지식백과, 미술대사전
    https://terms.naver.com/entry.nhn?docId=261857&cid=50335&category-Id=50335, 한국사전연구사, 1998.

14   진 쿠퍼, 『그림으로 보는 세계문화상징사전』, 까치, 1994, 400쪽.

15   Galleria degli Uffizi, *Rome*, 2003.

16   임상훈, 『타로카드의 상징: 메이저 아르카나』, 서로빛나는숲, 2018, I. THE MAGICIAN. 참고.

17   임상훈, 『타로카드의 상징: 메이저 아르카나』, 서로빛나는숲, 2018, XVII. THE STAR. 참고.

18   진 쿠퍼, 『그림으로 보는 세계문화상징사전』, 까치, 1994, 158, 283쪽.

19   네이버 지식백과, 미술대사전
    https://terms.naver.com/entry.nhn?docId=261857&cid=50335&category-Id=50335, 한국사전연구사, 1998.

20   진 쿠퍼, 『그림으로 보는 세계문화상징사전』, 까치, 1994, 46-47, 418쪽.
    유기천, 『인간의 점성학』, 정신세계사, 2002.
    윌리엄 릴리, 『크리스천 점성술』, 좋은글방, 2007.

21   진 쿠퍼, 『그림으로 보는 세계문화상징사전』, 까치, 1994, 154쪽.